Was Kindern schmeckt

Was Kindern schmeckt

Das Kochbuch für Eltern und Kinder
mit vielen leckeren Rezepten
und einer Koch- und Backschule für Kinder.

Naumann & Göbel

WAS KINDERN SCHMECKT

Rezeptbearbeitung: Hilde Eilers
Fachberatung und Ernährungstips: Dr. Karin Hoppe
Redaktion: Waltraud Still
Bildredaktion: Anja Knappertz
Graphische Gestaltung und Illustrationen: Gabi Selbach
Herstellung: Wolfgang Linnenberg
Satzarbeiten: Mirgel + Schneider, Bonn
Reproarbeiten: Mirgel + Schneider, Bonn; KST, Köln
Gesamtherstellung: Mainpresse Richterdruck, Würzburg
Bildverzeichnis: S. 160
Printed in Germany

ISBN 3-625-10857-7

INHALT

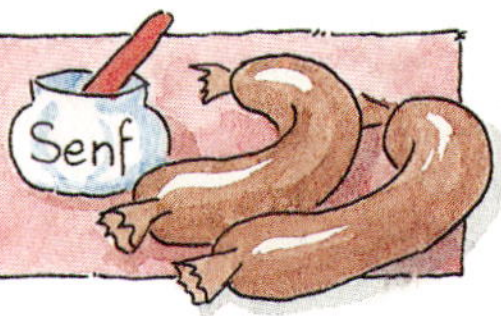

Die Ernährung des Kindes

Eine gesunde Ernährung ist die beste Gewähr für gesunde Kinder, die nicht an Übergewicht, an Karies oder irgendwelchen Mangelerscheinungen leiden. Die Voraussetzung dafür ist eine ausgewogene, gemischte Kost, die alle wichtigen Nährstoffe, wie Kohlenhydrate, Eiweiß, Vitamine, Mineralstoffe und Ballaststoffe enthält. Mit abwechslungsreichen, gleichmäßig auf den Tag verteilten Mahlzeiten, die viel Milchprodukte, Obst, Gemüse und Vollkorn enthalten, läßt sich dies am besten erreichen.

Ein Kind entwickelt bereits sehr früh seinen eigenen Geschmack. Schon dann haben Eltern die Möglichkeit, die Vorliebe für bestimmte Speisen und auch Eßgewohnheiten des Kindes zu steuern. Wenn die Erwachsenen und großen Geschwister dabei mit gutem Beispiel vorangehen, wird das Kind sehr früh eine gesunde Ernährung als etwas Selbstverständliches begreifen.

Schon die Auswahl der Lebensmittel entscheidet über den Wert der täglichen Mahlzeiten. Nicht Weißbrot und Brötchen aus hellem Weizenmehl, sondern Brot, Knäckebrot und Brötchen aus Vollkorn kommen auf den Tisch. Sogenannte „leere Kalorien", wie sie Zucker und Feinmehle liefern, werden zurückgenommen. Naturreis und Vollkornnudeln sind den hellen Produkten vorzuziehen.

Wer sein Kind dann beim Zubereiten der Mahlzeiten mit einbezieht, wird keine Eßmuffel am Tisch haben. Selbstgekochtes schmeckt immer und Anregungen dazu gibt es auf den Kinderseiten in diesem Buch. Auf „meiner Seite“ werden Kinder anhand ausgewählter Rezepte Schritt für Schritt ans Kochen herangeführt. Damit sie so richtig Lust aufs Kochen bekommen, haben wir einfache, aber bei Kindern sehr beliebte Gerichte ausgewählt. Trotz aller Bemühungen, „bewußte“ Esser heranzuziehen, werden wir nicht verhindern können, daß Kinder ab und zu eine Portion „Pommes mit Majo“ mit Genuß verzehren oder daß kleine Naschkatzen süßen Leckereien nicht widerstehen können. Solange dies die Ausnahme bleibt, ist dagegen wenig einzuwenden. Aber Kinder sollten früh lernen, mit diesen Versuchungen umzugehen.

Der Energiebedarf

Kinder brauchen, bezogen auf das Körpergewicht, im Vergleich zu den Erwachsenen mehr Energie. Sie wachsen noch und haben eine vergleichsweise große Körperoberfläche, die mehr Wärme abgibt. Dazu kommt noch die beim Spielen und Toben verbrauchte Energie, die ersetzt werden muß. Das alles läßt den Joule/Kalorien-Verbrauch ansteigen. Der höhere Eiweißbedarf ist vor allem durch das Wachstum begründet.

Die in der Tabelle angegebenen Zahlen für den Energiebedarf sind Durchschnittswerte, sie können nach oben oder unten variieren, je nach Veranlagung und Bedarf des Kindes.
Die Angaben in der Tabelle gelten pro kg Körpergewicht und Tag. Die Flüssigkeitsmenge schließt auch das in den Speisen enthaltene Wasser mit ein.

	Joule/Kalorien	Eiweiß	Flüssigkeit
Kleinkinder:			
1–3 Jahre	90–80	2,2 g	115–125 ml
4–6 Jahre	80	2,0 g	100–110 ml
Schulkinder:			
7–9 Jahre	70	1,8 g	90–100 ml
10–12 Jahre, Jungen	60	1,5 g	70– 85 ml
10–12 Jahre, Mädchen	50	1,4 g	70– 80 ml
Erwachsene:	37	0,8–0,9 g	20– 45 ml

Einen besonderen Stellenwert in der Kinderernährung hat die Versorgung mit Calcium. Es ist mitverantwortlich für die Entwicklung gesunder Zähne und fester Knochen. Wichtigste Calciumlieferanten sind Milch und Milchprodukte. Ein Kleinkind sollte täglich mindestens 250 ml Milch, ein Schulkind 500 ml Milch trinken. Ein sportlich aktives Schulkind kann seinen Milchkonsum bis auf 750 ml Milch steigern. Wer keine Milch mag, weicht auf Buttermilch oder andere Milchprodukte wie Joghurt, Dickmilch, Kefir und Quark – evtl. zubereitet mit Obst, aber möglichst ohne Zucker – aus.

Die Mahlzeiten

Durch die auf den Tag verteilten Mahlzeiten wird die verbrauchte Energie ersetzt und so die Leistungsfähigkeit erhalten. Eine gemischte Kost, die Milch und Milchprodukte, wenig Fleisch, Kartoffeln, viel Obst und Gemüse sowie Brot und Brötchen aus dem vollen Korn enthält, ermöglicht eine ausgewogene Versorgung mit allen Nährstoffen und deckt den Bedarf an wichtigen Vitaminen, Mineralien und Ergänzungsstoffen.

Fünf Mahlzeiten sind besser als drei. Da Kinder keine großen Energiemengen speichern können, bekommen sie neben den Hauptmahlzeiten Frühstück, Mittag- und Abendessen noch ein Pausenbrot oder 2. Frühstück am Vormittag und eine Zwischenmahlzeit am Nachmittag.

Die Ernährungswissenschaftler empfehlen dazu folgende Aufteilung der Tageskalorienmenge:

1. und 2. Frühstück	35 %
Mittagessen	30 %
Zwischenmahlzeit	10 %
Abendessen	25 %

Die Energiemenge für das 1. und 2. Frühstück wurde bei diesem Vorschlag zusammengezogen, denn nicht alle Kinder mögen gleich nach dem Aufstehen ein kräftiges Frühstück essen und damit den größten Teil des vormittäglichen Energiebedarfs decken. Sie brauchen deshalb ein größeres Pausenbrot als ein Kind, das schon gleich morgens gut gefrühstückt hat.

Das Mittagessen muß nicht immer Fleisch enthalten. Fisch, Gemüse, Kartoffeln, Vollkornnudeln, Naturreis, Obst und Quark lassen sich vielseitig variieren und bringen Abwechslung in den Küchenzettel.

Die kleine Zwischenmahlzeit am Nachmittag ist besonders für körperlich aktive Kinder sehr wichtig. Wie wäre es mit einem Joghurt, einem Stück Obst, einem Glas Milch mit Vollkornkeksen oder einem Knäckebrot mit Frischkäse. Das Abendessen sollte keine schwer verdaulichen Speisen enthalten, sondern feine Kleinigkeiten, z.B. überbackene Toasts, Rohkostsalate, köstlich belegte Brote oder eine pikante Pizza, von der jeder nur ein Stück nimmt.

Für alle Mahlzeiten bietet dieses Kochbuch eine Vielzahl von Anregungen. Kinder helfen in der Regel gerne mit, abwechslungsreiche, leckere und gesunde Mahlzeiten zusammenzustellen. Damit bei den Kindern frühzeitig das Interesse an einer gesunden Ernährung geweckt wird und sie ein Gefühl für eine ausgewogene Kost entwickeln, gibt dieses Kochbuch eine Reihe nützlicher Ernährungstips mit Informationen über Inhaltsstoffe sowie über die ernährungsphysiologische Bedeutung einzelner verwendeter Nahrungsmittel. In diesen Tips, die mit ihren bunten Illustrationen die Aufmerksamkeit auf sich ziehen, ist nicht nur die Kinderernährung berücksichtigt, denn auch für jedes andere Familienmitglied gilt: Die tägliche Ernährung sollte abwechslungsreich zusammengestellt werden, so daß die Versorgung mit allen lebensnotwendigen Nährstoffen gesichert ist.

Die appetitanregenden Fotos, die vielen humorvollen Illustrationen, die bunten Kinderkochseiten und die große Fülle an Rezepten und Ernährungstips dieses Familienkochbuches machen es jedem leicht herauszufinden, was Kindern schmeckt.

Kleines Küchen-ABC

In den Kochbüchern begegnen wir oft Ausdrücken, die von der Umgangssprache abweichen und die manchem jungen Hobbykoch schon Rätsel aufgegeben haben. Deshalb dieses Kapitel vor der ersten Kochstunde lesen.

Ablöschen:
Erhitzten Lebensmitteln Flüssigkeit zugießen, z.B. beim braun angebratenen Fleisch, beim angedünsteten Gemüse, beim angeschwitzten Mehl für eine Sauce oder beim karamelisierten Zucker.

Abschrecken:
Gekochte Lebensmittel kurz mit kaltem Wasser übergießen oder abspülen. Reis und Nudeln kleben so nicht zusammen, Eier lassen sich besser pellen.

Ausquellen:
Getrocknete Lebensmittel nehmen wieder Flüssigkeit auf, z.B. Hülsenfrüchte und Trockenobst beim Einweichen und Garen, Nudeln, Reis und andere Nährmittel während des Kochens. Die aufgenommene Flüssigkeitsmenge kann beträchtlich sein.

Backen:
Kuchenteige und auch Aufläufe im Backofen bei unterschiedlichen Temperaturen garen und dabei bräunen.
Teige in der Pfanne garen und bräunen (z.B. Eierkuchen).

Binden:
Suppen, Saucen oder andere Flüssigkeit mit Mehl, Speisestärke oder einem speziellen Bindemittel andicken.

Blanchieren:
Lebensmittel, z.B. Obst, Gemüse, Kartoffeln, kurz (2 – 3 Min.) in kochender Flüssigkeit vorgaren.

Braten:
Garen und Bräunen mit oder ohne Zugabe von Fett bei mittleren bis hohen Temperaturen.
Wir unterscheiden zwischen verschiedenen Möglichkeiten, z.B.

Braten in der Pfanne: Alle kurzgebratenen Fleischsorten wie Koteletts, Schnitzel, Filets; Kartoffeln, Fisch,

Braten im Backofen: Große Braten vom Rind, Schwein, Kalb, Lamm oder Hammel ab 1 kg Gewicht und auch Geflügel und Wild bleiben beim Braten im Backofen besonders saftig.

Brühe:
Sie wird als Zutat in vielen Rezepten benötigt. Fleisch- und Gemüsebrühe gibt es zwar in vielfältiger Form im Handel, man kann sie aber auch in größerer Menge aus verschiedenen Produkten selber zubereiten und dann portionsweise einfrieren.

Dämpfen:
Lebensmittel im Wasserdampf in einem Sieb über dem kochenden Wasser garen. Es gibt dafür besonderes Dämpfgeschirr.

Dünsten:
Garen im eigenen Saft unter Zugabe von wenig Fett oder Flüssigkeit. Eine schonende Garmethode für Obst, Gemüse, zartes Fleisch und Fisch, da die Vitamine und Nährstoffe weitgehend erhalten bleiben.

Entfetten:
Von einer kalten Brühe oder Suppe läßt sich das Fett leicht entfernen, indem man das feste Fett von der Oberfläche wegnimmt.
Bei heißer Brühe ein Stück Küchenkrepp auf die Oberfläche legen, kurz vollsaugen lassen und abnehmen. So oft wiederholen, bis genügend Fett entfernt ist.

Farce:
Eine Füllung aus sehr fein durch den Fleischwolf gedrehten Zutaten, wie z.B. Fleisch, Gemüse und Pilzen. Zum Füllen von Geflügel, Fleisch und Wild oder für Pasteten.

Fond:
Eine konzentrierte Brühe, die sich beim Garen von Fleisch, Fisch oder Gemüse in wenig Wasser ergibt oder sich beim Braten und Schmoren von Fleisch bildet. Ein guter Fond ist die beste Grundlage für eine erstklassige Suppe oder Sauce.

Fritieren:
In reichlich heißem Fett schwimmend bei Temperaturen zwischen 170 und 190 °C garen und bräunen.

Garziehen:
Garen kurz unterhalb des Siedepunktes. Beim Garziehen von Klößen z.B. sollte sich die Oberfläche der Flüssigkeit leicht bewegen, aber nicht aufwallen.

Gratinieren (Überbacken):
Die Oberfläche von Speisen (Aufläufen) durch große Hitze schnell bräunen, z.B. unter dem Grill oder im Backofen bei starker Oberhitze.

Grillen:
Garen und Bräunen durch Strahlungshitze bei hohen Temperaturen, z.B. im Backofen oder auf dem offenen Grill.

Karamelisieren:
Schmelzen und Bräunen von Zucker. Durch Zugießen von Flüssigkeit den Bräunungsprozeß beenden.

Köcheln (Simmern):
Ganz leichtes Kochen, bei dem nur wenige kleine Kochbläschen hochsteigen.

Kuchenteige:
Die meisten Kuchenrezepte lassen sich den klassischen Teigarten zuordnen. Die einzelnen Zutaten variieren zwar in den Mengen, aber die Zubereitung ist fast immer gleich.

Rührteig:
Zutaten für das Grundrezept:
125 g Fett, 125 g Zucker, 2 Eier, 250 g Mehl, 2 TL Backpulver, 100 ml Milch.
Für die konventionelle Zubereitung Fett, Zucker und Eier schaumig rühren. Dann Mehl mit Backpulver mischen und abwechselnd mit der Milch unterrühren.
Für die Zubereitung in der Küchenmaschine alle Zutaten in eine Schüssel geben und mit dem Rührbesen des Handrührgerätes oder der Küchenmaschine in 2 Minuten zu einem cremigen Teig verrühren. Der Rührteig ist der klassische Teig für Napfkuchen.

Hefeteig:
Für die Zubereitung dieses Teiges sollte man möglichst ein Handrührgerät oder eine Küchenmaschine verwenden.
Zutaten für das Grundrezept:
40 g Hefe, 300 ml lauwarme Milch, 500 g Mehl, 1 Prise Salz, 60 g Fett, 1 Ei.
Die Hefe zerbröckeln, mit der lauwarmen Milch verrühren und 5 Min. aufgehen lassen. Mehl mit Zucker und Salz in einer Schüssel mischen. Das weiche Fett in Flocken und das Ei dazugeben. Die Hefemilch zugießen. Die Zutaten mit den Knethaken des Handrührgerätes oder der Küchenmaschine zu einem geschmeidigen Teig verkneten. Die Schüssel abdecken, damit die Teigoberfläche nicht austrocknet. Den Teig an einem warmen Ort so lange aufgehen lassen, bis sich das Volumen verdoppelt hat.
Bei Verwendung von Trockenhefe die Anleitung auf der Packung beachten. Gebäck aus Hefeteig sind vor allem Weißbrot und Mischbrot, Brötchen, Blechkuchen und herzhafte Pizzas.

Bikuitteig:
Zutaten für das Grundrezept:
4 Eier, 4 EL lauwarmes Wasser, 125 g Zucker, 75 g Mehl, 75 g Speisestärke, 1 Msp. Backpulver.
Auch bei diesem leichten, luftigen Teig gibt es verschiedene Möglichkeiten der Zubereitung.
Dies ist die klassische Art:
Eigelb, lauwarmes Wasser und Zucker mit dem Schneebesen zu einer dicken, cremigen Masse aufschlagen. Das Eiweiß steif schlagen, auf die Eigelbcreme geben. Mehl, Speisestärke und Backpulver mischen, auf den Eischnee sieben. Alles vorsichtig unter die Eigelbmasse heben. Sofort backen.
Dieser Teig ist besonders geeignet für Tortenböden und feines Gebäck.

Mürbeteig (oder Knetteig):
Zutaten für das Grundrezept:
250 g Mehl, evtl. 1 Msp. Backpulver, 65 g Zucker, 125 g Fett, 1 Ei.
Das Mehl (und evtl. Backpulver) mit Zucker in einer Schüssel mischen. Das Fett in Flocken darauf geben und das Ei dazugeben. Alles zu einem glatten Teig verkneten, am besten mit den Knethaken des Handrührgerätes. Den Teig in Folie wickeln und vor der Weiterverarbeitung mindestens 30 Min. kalt stellen. Mürbeteig eignet sich vor allem für Obsttortenböden und Plätzchen.

Legieren:
Binden und verfeinern von Suppen, Saucen oder anderen gegarten Speisen mit Eigelb, Butter oder Sahne. Eigelb z. B. zunächst mit etwas Sahne oder anderer Flüssigkeit anrühren. Dann unter ständigem Rühren der fertigen Speise beigeben.

Marinade:
Eine Flüssigkeit aus Säure (Essig, Zitronensaft), Gewürzen und evtl. Öl, in das Fleisch aller Art, aber auch Fisch und Gemüse eingelegt – mariniert – werden. Auch Salatsaucen bezeichnet man oft als Marinade.

Panieren:
Fleisch-, Fisch- oder Gemüsescheiben vor dem Braten nacheinander in Mehl, verschlagenem Ei und Paniermehl wenden.

Passieren:
Rohe oder gegarte Lebensmittel durch ein Sieb streichen.

Prise:
Das ist die Menge, die man zwischen Daumen und Zeigefinger halten kann.

Pürieren:
Rohe oder gegarte Lebensmittel (Obst, Gemüse, Kartoffeln) zu einer breiigen Masse zerkleinern (Pürierstab, Mixer) oder zerstampfen.

Rösten:
Bräunen mit oder ohne Fettzugabe, z.B. Paniermehl, Mandeln in der Pfanne, Brotscheiben im Toaster.

Schmoren:
Zunächst bräunen – anbraten – z.B. von Fleisch in heißem Fett bei hohen Temperaturen, dann Flüssigkeit zugießen und garen bei schwacher Hitze im geschlossenen Gefäß.

Stocken:
Garen (ohne Bräunung) z.B. von Eiern mit oder ohne Fett bei niedrigen Temperaturen.

Suppengrün:
1 Bund besteht aus 1 Stange Porree, 1 mittelgroßen Möhre, 1 Stück Sellerie und evtl. 1 Petersilienwurzel.

Tiefkühlen:
Die meisten der in diesem Buch beschriebenen Speisen und Kuchen lassen sich gut tiefgefrieren. Reste sind dadurch gut zu verwerten und müssen nicht in den Mülleimer wandern.

Überbrühen:
Kurzes Erhitzen von z.B. Tomaten, Pfirsichen, Aprikosen durch Übergießen mit kochendem Wasser (kurz darin stehen lassen, abgießen). So läßt sich die Haut leicht abziehen.

Zutaten:
Alle in den Rezepten angegebenen Zutaten sorgfältig abmessen oder abwiegen, um ein gutes Gelingen zu garantieren.

Ernährungstip

Erdbeeren – verwenden Sie möglichst reife. Diese sind nicht nur besonders aromatisch, der Gehalt an natürlicher Süße rundet das Sommerfrühstück geschmacklich fein ab. Natürlich können Sie dieses Rezept auch dann zubereiten, wenn nicht gerade frische Erdbeeren auf dem Markt sind. Nehmen Sie dann Tiefkühlfrüchte, lassen Sie diese leicht antauen, bevor sie auf der Hüttenkäsemischung angerichtet werden. Übrigens: Erdbeeren sind eine kalorienarme Nascherei. Pro 100 g liefern sie nur 36 kcal (150 kJ). Zur Abwechslung lassen sich selbstverständlich auch andere Beeren verwenden, z.B. Himbeeren, Brombeeren, Heidelbeeren, Johannisbeeren oder eine Mischung aus verschiedenen Früchten. Vielleicht hat Ihr Kind auch Lust, selber die Früchte zusammenzustellen.

Sommer-Frühstück

Für 1 Portion

- 1 EL Butter
- 2 EL kernige Haferflocken (20 g)
- 1 EL Zucker
- 100 g Erdbeeren
- 100 g Hüttenkäse
- 1 Scheibe Vollkorn-Toastbrot

1. Die Butter in einer Pfanne schmelzen, die Haferflocken und den Zucker dazugeben und unter ständigem Rühren hellbraun rösten. Auf einen Teller geben und abkühlen lassen.
2. Die Erdbeeren waschen, putzen und vierteln.
3. Den Hüttenkäse mit den Haferflocken vermischen, in einem Schälchen anrichten, und die Erdbeeren darauf geben.
4. Das Toastbrot toasten und dazu reichen.

Zubereitungszeit: ca. 15 Min.
Insgesamt ca. 1680 kJ/400 kcal

Pausenbrot mit Frischkäse

Für 1 Portion

1 Scheibe Vollkornbrot
10 g Margarine zum Bestreichen
20 g Frischkäse
1 EL Schnittlauchröllchen
3 Radieschen
1 Päckchen Fruchtsaft (200 ml)

1. Das Brot mit Margarine und dem Frischkäse bestreichen. Mit dem Schnittlauch bestreuen. Das Brot halbieren.
2. Die Radieschen waschen, 2 davon in Scheiben schneiden und auf eine Brothälfte legen. Die andere Hälfte darüber klappen.
3. Das restliche Radieschen auf die Schnitte legen und zusammen in Folie wickeln.
4. Dazu den Fruchtsaft mitgeben.

Zubereitungszeit: ca. 5 Min.
Insgesamt ca. 1300 kJ/310 kcal

Frühstück mit Schinkenbrot

Für 1 Portion

1 Scheibe Grahambrot
10 g Margarine zum Bestreichen
1 Blatt Kopfsalat
1 Scheibe gekochter Schinken (50 g)
einige Gurkenscheiben
1/2 Apfelsine
150 ml Milch
1 EL Instant-Kakaopulver

1. Das Brot mit Margarine bestreichen.
2. Das Salatblatt waschen, trockentupfen und darauf legen. Den Schinken und einige Gurkenscheiben darauf anrichten.
3. Die Apfelsine in Spalten teilen und dazulegen.
4. Die Milch erwärmen, mit Kakaopulver verrühren und in eine Tasse füllen.

Zubereitungszeit: ca. 10 Min.
Insgesamt ca. 1550 kJ/370 kcal

Schichtbrot mit Putenbrust

Für 1 Portion

3 Scheiben Sonnenblumen-Vollkornbrot
30 g Margarine zum Bestreichen
1/2 Apfel
50 g geräucherte Putenbrust
evtl. einige Ananasstückchen und Partysticker

1. Das Brot mit Margarine bestreichen.
2. Den gewaschenen Apfel entkernen, in dünne Scheiben schneiden. Eine Brotscheibe damit belegen.
3. Die zweite Brotscheibe mit der bestrichenen Seite auf die Äpfel klappen. Die obere Seite mit Margarine bestreichen und mit der Putenbrust belegen.
4. Die dritte Brotscheibe darauf klappen.
5. Das Schichtbrot in 4 Dreiecke schneiden.
6. Evtl. auf jedes Dreieck ein Stückchen Ananas legen und mit einem Partysticker feststecken.

Zubereitungszeit: ca. 5 Min.
Insgesamt ca. 2818 kJ/671 kcal

Erdbeer-Kefir-Cornflakes

Für 1 Portion

- 150 g Erdbeeren
- 1 EL Zucker
- 150 ml fettarmer Kefir
- 3 EL Cornflakes (15 g)

1. Die Erdbeeren waschen, putzen und in Viertel schneiden. Mit dem Zucker mischen.
2. Den Kefir über die Erdbeeren gießen. Die Cornflakes gleichmäßig darüber streuen.

Zubereitungszeit: ca. 5 Min.
Insgesamt ca. 954 kJ/208 kcal

Nussiges Brot

Für 1 Portion

- 1 große Scheibe Graubrot
- 20 g Margarine zum Bestreichen
- 1/2 Apfel
- 1 EL gehackte Haselnüsse
- 1 EL gehackte Mandeln

1. Das Graubrot mit Margarine bestreichen.
2. Den Apfel waschen, in dünne Spalten schneiden und das Brot damit belegen.
3. Die Haselnüsse und die Mandeln darüber streuen.

Zubereitungszeit: ca. 5 Min.
Insgesamt ca. 1805 kJ/431 kcal

Ernährungstip

Quark – ein Milchprodukt mit einem hohen Anteil an Eiweiß und dem Mineralstoff Calcium – ist ein wichtiges Nahrungsmittel für die gesunde Entwicklung des Kindes.

Quarkbrot mit Konfitüre

Für 1 Portion

- 1 Scheibe Toastbrot
- 10 g Margarine zum Bestreichen
- 2 EL Speisequark 40%
- 1 EL Erdbeerkonfitüre
- evtl. frische Erdbeeren und Melisse zum Garnieren

1. Das Toastbrot toasten und mit Margarine bestreichen.
2. Den Quark auf dem Brot verteilen und die Konfitüre darauf geben.
3. Das Quarkbrot evtl. mit Erdbeerscheiben und Melisse verzieren.

Zubereitungszeit: ca. 5 Min.
Insgesamt ca. 1155 kJ/275 kcal

Frühstücksbrot mit Radieschen

Für 1 Portion

- 1 Scheibe grobes Schwarzbrot
- 1 Scheibe Sesam-Knäckebrot
- 20 g Margarine zum Bestreichen
- 30 g Frischkäse
- 3 Radieschen
- Salz, Schnittlauch

1. Das Schwarzbrot und das Knäckebrot mit Margarine bestreichen. Den Frischkäse auf der Schwarzbrotscheibe verteilen.
2. Die Radieschen putzen, waschen, in Scheiben schneiden und das Käsebrot damit belegen. Mit Salz würzen und mit Schnittlauch bestreuen.
3. Das Knäckebrot darauf klappen.

Zubereitungszeit: ca. 5 Min.
Insgesamt ca. 1578 kJ/377 kcal

Dickmilch mit Aprikosen

Für 1 Portion

- 5 – 6 getrocknete Aprikosen (30 g)
- 1/2 Becher Dickmilch (250 ml)
- 1 EL Siesa (Reformhaus)

1. Die Aprikosen am Vorabend unter kaltem Wasser abspülen und in einer großen Tasse über Nacht einweichen.
2. Vor dem Frühstück die Aprikosen abgießen und mit einer Gabel zerdrücken. Die Dickmilch vorsichtig unterrühren.
3. Die Aprikosen-Dickmilch mit Siesa bestreuen.

Zubereitungszeit: ca. 5 Min.
Insgesamt ca. 1226 kJ/292 kcal

Rosa Quark mit Kirschen

Für 1 Portion

- 100 g Magerquark
- 5 EL Milch
- 1 EL Kirschsirup
- 100 g entsteinte Kirschen (frisch oder aus dem Glas)
- 1 EL Siesa (Reformhaus)

1. Den Quark, die Milch und den Kirschsirup mit einem Schneebesen cremig rühren.
2. Die Kirschen vorsichtig unter die Masse heben.
3. Den Kirschquark anrichten und mit Siesa bestreuen.

Zubereitungszeit: ca. 5 Min.
Insgesamt ca. 983 kJ/236 kcal

Mohrenhaferflocken

Für 1 Portion

- 4 EL Haferflocken (30 g)
- 2 EL Instant-Schokopulver
- 2 EL Rosinen
- 200 ml Milch

1. Die Haferflocken in einen tiefen Teller oder eine große Suppentasse geben, das Instant-Schokoladenpulver und die Rosinen darüber streuen und mit den Haferflocken gut durchmischen.
2. Die Milch entweder kalt dazugeben oder erhitzen und dann über die Haferflockenmischung gießen. Alles gut verrühren.

Zubereitungszeit: ca. 5 Min.
Insgesamt ca. 1617 kJ/398 kcal

Bananenquark mit Nüssen

Für 1 Portion

1/2 Banane
1 EL Zitronensaft
3 EL Magerquark (90 g)
5 EL Milch
1 TL Honig
5 – 7 Haselnüsse (10 g)

1. Die Banane schälen und mit der Gabel zerdrücken. Sofort den Zitronensaft dazugeben.
2. Den Quark, die Milch und den Honig mit dem Schneebesen unter den Bananenbrei rühren.
3. Den Bananenquark anrichten und mit den Nüssen bestreuen.

Zubereitungszeit: ca. 5 Min.
Insgesamt ca. 1220 kJ/291 kcal

Müsli zum Frühstart

Für 1 Portion

1 kleiner Apfel
1 EL Zitronensaft
3 EL kernige Haferflocken (30 g)
1 TL Honig
1/2 Becher Kefir (250 ml)
1/2 Apfelsine

1. Den Apfel waschen, dann ungeschält grob raspeln und in ein Schälchen geben. Sofort mit dem Zitronensaft vermischen.
2. Die Haferflocken und den Honig darauf geben und mit dem geraspelten Apfel vermengen. Mit Kefir übergießen.
3. Die Apfelsine schälen, in Scheiben schneiden und diese auf das Müsli legen.

Zubereitungszeit: ca. 5 Min.
Insgesamt ca. 1690 kJ/402 kcal

Apfel-Honig-Brot

Für 1 Portion

1 Scheibe Weißbrot oder Mischbrot
10 g Margarine zum Bestreichen
1 Apfel
1 TL Zitronensaft
1 EL Honig
1 EL gehackte Haselnüsse

1. Die Weißbrotscheibe oder eine andere Brotsorte mit Margarine bestreichen.
2. Den Apfel waschen, halbieren und entkernen. Einige Scheiben zum Garnieren abschneiden.
3. Den restlichen Apfel grob raspeln, mit Zitronensaft und dem Honig vermischen.
4. Die Apfelraspel auf das Weißbrot häufen, mit den Nüssen bestreuen und mit den zurückgelegten Apfelscheiben garnieren.

Zubereitungszeit: ca. 5 Min.
Insgesamt ca. 1316 kJ/315 kcal

Müsli-Grundmischung

Dazu brauchst Du:

- 100 g kernige Haferflocken
- 100 g Weizenflocken
- 60 g gehackte Haselnüsse
- 75 g Leinsamen
- 75 g Sesamsamen
- 2 EL Sonnenblumenkerne
- 100 g Rosinen

Das stellst Du bereit:
1 Waage
1 Schüssel
1 Eßlöffel
1 Glas oder Dose
mit Schraubverschluß
(Inhalt etwa 1 l)

1. Alle Zutaten abwiegen und abmessen. In eine Schüssel geben.
2. Die Zutaten gut mischen.
3. Die Müslimischung in das Schraubglas füllen und gut verschließen. Sie reicht für eine Woche.

Diese Grundmischung kannst Du jeden Tag mit anderen Zutaten mischen. Dann wird das Frühstück nie langweilig sein. Dein Müsli-Fahrplan für eine Woche kann etwa so aussehen:

3 EL Müsligrundmischung in ein Schälchen geben. 4 Backpflaumen ohne Stein und 3 getrocknete Aprikosenhälften in Streifen schneiden und dazugeben. 1/2 Becher Trinkmilchjoghurt (75 g) und 1 TL Honig unterrühren.

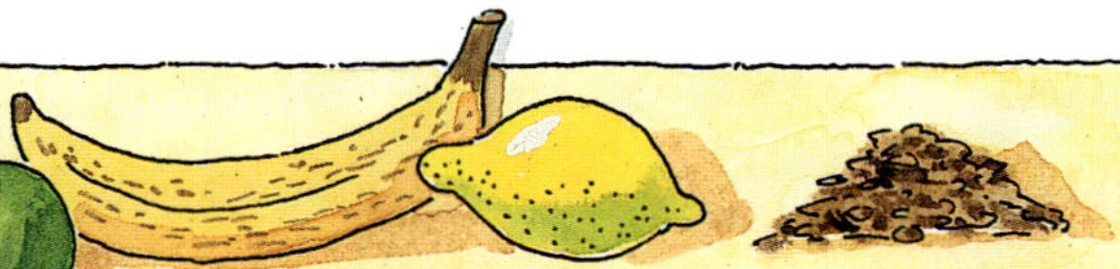

3 EL Müsligrundmischung in ein Schälchen geben. 1/2 Apfel entkernen, 1/2 Banane schälen, beides in Scheiben schneiden und dazugeben. 150 ml Milch und etwas Zitronensaft unterrühren. 1 EL Schokoladenstreusel darüber streuen.

3 EL Grundmischung in ein Schälchen geben, 1 Kiwi und 1/2 Orange schälen, in Scheiben schneiden. 4 EL Dickmilch dazugießen und alles mit 1 TL Honig verrrühren.

3 EL Grundmischung in ein Schälchen geben. 2 EL Stückananas aus der Dose, 100 ml Buttermilch und 2 EL Ananassaft unterrühren.

3 EL Grundmischung in ein Schälchen geben. 1/2 Birne schälen, in Scheiben schneiden, 3 getrocknete Aprikosen in Streifen schneiden und dazugeben. 2 EL Schlagsahne, 100 ml Milch dazugießen und 1 TL Honig unterrühren.

3 EL Grundmischung in ein Schälchen geben. 100 g Weintrauben waschen, halbieren und zusammen mit 150 ml Kefir und 1 TL braunen Zucker unterrühren.

3 EL Grundmischung in ein Schälchen geben. 1/2 Becher Trinkmilchjoghurt (75 g), 1 TL Honig und 50 g Himbeeren (etwa 3 EL) unterrühren. 1 EL Kürbiskerne darüber streuen.

MITTAG

Die Schule ist kein Kinderspiel. Kluge Mütter rufen daher nicht gleich zu Tisch, wenn die Kinder nach Hause kommen. Erst einmal sollen sie Atem holen, auch rausposaunen, was alles so passiert ist – dann in Ruhe essen. Wer dagegen länger Schule hat, bekommt seine Portion auf dem Teller angerichtet und kann diesen dann selbst in die Mikrowelle schieben. Ängstliche fragen: „Geht das denn gut?" Aber Mütter, besonders wenn sie berufstätig sind, lernen es mit der Zeit, ihren Kindern ordentlich was an Küchenarbeit zuzutrauen – auch den richtigen Umgang mit modernen Geräten. Die meisten Mädchen und Jungen haben sogar Freude am Selberkochen; besonders wenn ein Rezeptbuch wie dieses Kinder richtig anleitet. Unsere Vorschläge in diesem umfangreichen Kapitel reichen von der einfachen Mahlzeit bis zum kompletten Menü, das man selbst zusammenstellen kann. Und jedes Rezept geht auf den Geschmack und den Nährstoffbedarf der Kinder ein. Von diesen Leibgerichten träumen allerdings auch Erwachsene. Wenn daher mal erst abends warm gegessen wird (Mahlzeiten tauschen ist möglich), dann freut sich vor allem Vati, denn er ist als Auswärtsesser am wenigsten verwöhnt.

Kartoffelsuppe

- 500 g Kartoffeln
- 1 Stange Porree
- 1 Zwiebel
- 30 g geräucherter, durchwachsener Speck
- 1 EL Öl
- 1 l heiße Fleischbrühe
- 1 Möhre
- Salz
- 2 Scheiben Toastbrot
- 20 g Margarine
- 1 EL gehackte Petersilie

1. Die Kartoffeln schälen und mit Wasser bedeckt zur Seite stellen.
2. Den Porree putzen, waschen und in Ringe schneiden. Die Zwiebel schälen und fein würfeln.
3. Den Speck in feine Würfel schneiden und in einem Topf in dem erhitzten Öl auslassen. Die Zwiebel und den Porree dazugeben und 5 Min. andünsten.
4. Die Fleischbrühe auffüllen, aufkochen lassen.
5. Die Kartoffeln in kleine Würfel schneiden, in die Brühe geben und wieder zum Kochen bringen.
6. Die Möhre putzen, waschen, fein würfeln und in die Suppe geben, salzen, 45 Min. leicht kochen lassen.
7. Inzwischen das Toastbrot in Würfel schneiden. In der heißen Margarine in einer Pfanne goldgelb rösten, abkühlen lassen.
8. Die fertige Suppe mit den Toastbrotwürfeln und der Petersilie bestreuen.

Vorbereitungszeit: ca. 25 Min.
Garzeit: ca. 45 Min.
Pro Portion ca. 1075 kJ/256 kcal

Feine Karotten-Cremesuppe

- 500 g Karotten (Möhren)
- 500 ml Instant-Fleischbrühe (1/2 l)
- 250 ml Milch (1/4 l)
- 1 Becher Sahne-Dickmilch (175 g)
- Pfeffer aus der Mühle
- Salz
- 2 EL gehackte Petersilie

1. Die Karotten waschen und bürsten (Möhren schälen). In dicke Scheiben schneiden.
2. 250 ml Brühe zum Kochen bringen, die Karotten darin in 10 – 15 Min. weich kochen. Mit dem Passierstab oder im Mixer fein pürieren.

Ernährungstip

Karotten – die orange-rote Farbe wird hauptsächlich durch den natürlichen Farbstoff Carotin hervorgerufen, der gleichzeitig die Vorstufe des fettlöslichen Vitamins A darstellt. Vitamin A ist ein wichtiges Hautvitamin.

Ernährungstip

Zwiebel – auch wenn das Schneiden häufig Tränen verursacht, sollte man auf sie als gesunde Gewürzkomponente nicht verzichten. Beim Andünsten der Zwiebelwürfel darauf achten, daß sie nicht zu braun oder gar schwarz werden.

3. Das Püree wieder in den Topf geben, mit der restlichen Fleischbrühe und der Milch verrühren und zum Kochen bringen.
4. Von der Dickmilch 1 EL voll abnehmen. Den Rest unter die Suppe rühren. Mit Pfeffer und Salz abschmecken.
5. Die Suppe anrichten. Die restliche Dickmilch glattrühren und in die Mitte geben. Die Petersilie darüber streuen.

Vorbereitungszeit: ca. 15 Min.
Garzeit: 15 – 20 Min.
Pro Portion ca. 586 kJ/140 kcal

Minestrone

- 500 g gemischtes Gemüse (z.B. Möhren, Bleichsellerie, Blumenkohl, Wirsing)
- 50 g durchwachsener Speck
- 1 Zwiebel
- 1 EL Öl
- 1 Dose weiße Bohnen (Abtropfgewicht 250 g)
- 1/2 P. TK-grüne Bohnen
- 1 1/2 l Brühe
- Salz
- 1/2 TL Basilikum
- Knoblauchsalz
- 3 kleine Tomaten
- 100 g Reis
- 40 g geriebener Käse

1. Das Gemüse putzen und waschen. Die Möhren und den Bleichsellerie in Scheiben, den Wirsing in Streifen schneiden. Den Blumenkohl in Röschen teilen.
2. Den Speck in Würfel schneiden. Die Zwiebel schälen und ebenfalls würfeln.
3. Das Öl erhitzen und den Speck und die Zwiebel darin andünsten. Das Gemüse dazugeben und einige Minuten mitdünsten.
4. Die weißen und grünen Bohnen untermischen. Die Brühe angießen und die Gewürze hinzufügen. Die Minestrone etwa 10 Min. kochen.
5. Inzwischen die Tomaten überbrühen, abziehen und vierteln.
6. Den Reis unterrühren, und die Suppe weitere 15 – 20 Min. garen. In den letzten 5 Min. die Tomaten mitgaren. Die Minestrone abschmecken und mit dem Käse servieren.

Vorbereitungszeit: ca. 30 Min.
Garzeit: ca. 30 Min.
Pro Portion ca.1875 kJ/446 kcal

Tomatensuppe

1 Dose Tomaten (Abtropfgewicht 480 g)
ca. 500 ml Brühe (1/2 l)
1 Zwiebel
30 g Butter
20 g Mehl
100 g Schlagsahne
Salz
1 Prise Zucker
Paprikapulver, edelsüß
2 TL geriebener Käse
100 g geschlagene Schlagsahne

1. Die Tomaten im Saft pürieren oder durch ein Sieb streichen. Mit Brühe auf 1 l auffüllen.
2. Die Zwiebel schälen, in feine Würfel schneiden.
3. Die Butter schmelzen, die Zwiebel darin andünsten. Das Mehl einrühren und kurz andünsten. Die Tomatenbrühe dazugießen und gut verrühren. Einige Minuten kochen lassen.
4. Die Schlagsahne in die Suppe geben. Mit Salz, Zucker und Paprikapulver abschmecken.
5. Die Suppe anrichten, mit je 1/2 TL Käse bestreuen und mit einem Schlagsahnehäubchen verzieren.

Vorbereitungszeit: ca. 15 Min.
Garzeit: einige Min.
Pro Portion ca. 1104 kJ/263 kcal

Spanischer Suppentopf

1 Suppenhuhn (1800 g)
2 Bund Suppengrün
2 Knoblauchzehen
2 l Wasser
Salz
2 große Fleischtomaten
2 Zucchini
1 Gemüsezwiebel
1 TL Oregano
150 g Gabelspaghetti
1 rote Paprikaschote
1 grüne Paprikaschote
150 g TK-Erbsen
Paprikapulver, edelsüß
evtl. Pfeffer aus der Mühle

1. Das Suppenhuhn waschen, halbieren. Das Suppengrün putzen, waschen und grob zerschneiden.
2. Das Huhn, das Suppengrün, die geschälten Knoblauchzehen und das Wasser in einen großen Topf geben und zum Kochen bringen. Salzen

und bei schwacher Hitze ca. 1 1/2 Std. leicht kochen, dabei den Deckel nicht ganz schließen.
3. Inzwischen die Tomaten überbrühen, mit kaltem Wasser abspülen, häuten und in Scheiben schneiden.
4. Die Zucchini waschen und würfeln.
5. Die Gemüsezwiebel schälen und in feine Streifen schneiden.
6. Das Huhn aus dem Topf nehmen. Die Brühe durch ein Sieb geben und wieder zum Kochen bringen. Das vorbereitete Gemüse und den Oregano dazugeben und wieder aufkochen lassen.
7. Die Nudeln in die Suppe geben und 10 Min. garen.
8. In der Zwischenzeit die Paprikaschoten halbieren, entkernen, waschen und in feine Streifen schneiden.
9. Von dem Huhn die Haut abziehen, das Fleisch in größeren Stücken von den Knochen lösen.
10. Den Paprika, die Erbsen und das Fleisch in die Suppe geben und weitere 5 Min. kochen lassen.
11. Den Suppentopf mit Paprikapulver, Salz und evtl. Pfeffer abschmecken und anrichten.

Vorbereitungszeit: ca. 40 Min.
Garzeit: ca. 2 Std.
Pro Portion: 4150 kJ/992 kcal

Spinatsuppe mit Grünkern

50 g Grünkern
300 ml Wasser
1 Zwiebel
1 EL Sonnenblumenöl
500 ml Instant-Fleischbrühe (1/2 l)
125 ml Milch
1 P. TK-Spinat (300 g)
1 Becher Sahne-Dickmilch (175 g)
1 TL Speisestärke
Salz, geriebene Muskatnuß

1. Den Grünkern in dem Wasser über Nacht einweichen.
2. Die Zwiebel schälen, fein würfeln. Den Grünkern abgießen (das Einweichwasser auffangen).
3. Das Öl erhitzen, die Zwiebel darin andünsten. Den Grünkern dazugeben und unter Rühren ca. 3 Min. mitdünsten.
4. Das Einweichwasser, die Brühe und die Milch angießen, und alles ca. 20 Min. auf schwacher Hitze kochen lassen.
5. Den TK-Spinat dazugeben und in der Suppe auftauen. Aufkochen lassen. Ab und zu umrühren.
6. Die Dickmilch mit der Speisestärke verrühren und die Spinatsuppe damit binden. Aufkochen lassen.
7. Die Suppe mit Salz und geriebener Muskatnuß abschmecken.

Vorbereitungszeit: ca. 10 Min. (ohne Einweichzeit)
Garzeit: ca. 25 Min.
Pro Portion ca. 636 kJ/152 kcal

Beerenkaltschale

500 g gemischte Beeren (z.B. Himbeeren, Brombeeren, schwarze Johannisbeeren, Heidelbeeren)
3 EL Zitronensaft
1 P. Vanillinzucker
75 g Zucker
1 Becher reine Buttermilch (500 ml)
4 EL blütenzarte Haferflocken (40 g)
2 EL gemahlene Haselnüsse

1. Die Beeren waschen und verlesen. Einige zum Garnieren zurücklegen. Den Rest mit einer Gabel zerdrücken.
2. Den Zitronensaft, den Vanillinzucker und den Zucker zur Beerenmasse dazugeben, unterrühren und das Ganze kurz durchziehen lassen.
3. Ein Drittel der Beeren auf 4 Suppenteller verteilen. Den Rest mit der Buttermilch verrühren.
4. Die Haferflocken unterrühren und die Kaltschale in die Teller geben. Mit gemahlenen Haselnüssen bestreuen. Mit den zurückgelegten Beeren garnieren.

Zubereitungszeit: ca. 20 Min.
Pro Portion ca. 1085 kJ/259 kcal

Ernährungstip

Haferflocken – ein vollwertiges Lebensmittel, das aus dem ganzen Korn hergestellt wird. Der Hafer wird durch Quetschen in Flockenform gebracht. Durch diesen Vorgang erhält man Flocken unterschiedlicher Größe und Festigkeit. Die feineren, sogenannten blütenzarten Haferflocken werden besonders gerne für Breie oder ähnliche Gerichte verwendet. Sie verbinden sich schnell mit der jeweiligen Flüssigkeit. Die gröberen bleiben dagegen in Flüssigkeiten wie Milch oder Saft länger kernig und sind so ideal für eine Müslimahlzeit. Haferflocken sollten in der täglichen Ernährung nicht fehlen. Sie enthalten biologisch hochwertiges Eiweiß, einen hohen Anteil an ungesättigten Fettsäuren sowie Vitamine, Mineralstoffe und Ballaststoffe. Somit sind Haferflocken ideal, um ein gesundes Frühstück oder auch eine gesunde Nachspeise zuzubereiten. Haferflocken werden kühl und trocken aufbewahrt.

Kirschen-kaltschale

2 Becher fettarmer Kefir (je 500 ml)

60 g Zucker

1 TL gemahlener Zimt

50 g gehackte Haselnüsse

200 g entsteinte Sauerkirschen aus dem Glas

2 EL Rosinen

1. Den Kefir mit dem Zucker, dem Zimt und den Nüssen verrühren. Gut durchkühlen lassen.
2. Die Sauerkirschen und die Rosinen auf 4 Suppenteller verteilen.
3. Den Kefir darüber gießen. Gut gekühlt servieren.

Zubereitungszeit: ca. 5 Min.
Pro Portion ca. 1365 kJ/326 kcal

Gemüsesuppe mit Würstchen

Das brauchst Du für
4 Portionen:

- 2 Stangen Lauch (Porree)
- 200 g Möhren
- 1 l heißes Wasser
- 1 Brühwürfel für 1 l Fleischbrühe
- 100 g Hörnchennudeln
- 4 Bockwürstchen (je 80 g)
- 1 TK-Packung gemischte Kräuter

Das stellst Du bereit:
1 Küchenmesser
1 Schälmesser
1 Küchenbrett
1 Litermaß
1 Kochtopf mit Deckel
1 Kochlöffel
1 Waage

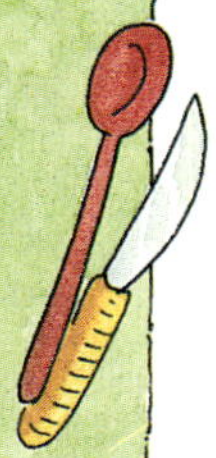

1. Von den Lauchstangen die dunkelgrünen Enden abschneiden. Die Stangen gründlich waschen.

2. Den Lauch in etwa 1 cm dicke Scheiben schneiden.

3. Die Möhren mit dem Sparschäler schälen.

4. Die Möhren waschen und in Würfel schneiden.

5. Das Wasser in einen Topf geben, erhitzen und den Brühwürfel darin auflösen. Die Brühe bei starker Hitze (Stufe 3 oder 12) zum Kochen bringen.

6. Den Lauch, die Möhren und die Hörnchennudeln in die Brühe geben, umrühren, aufkochen lassen.

7. Auf schwacher Hitze (Stufe 1 oder 4) 10 Minuten kochen lassen.

8. Die Würstchen in Scheiben schneiden. In die Suppe geben und in 5 Minuten heiß werden lassen.

9. Die Kräuter in die Suppe geben, umrühren. Probieren, ob die Suppe salzig genug ist.
Pro Portion ca. 1510 kJ/360 kcal

Überbackenes Rotbarschfilet

Für 2 Portionen

1 P. TK-Blattspinat (300 g)
300 g gegarte Pellkartoffeln
400 g Rotbarschfilet
Zitronensaft, Salz
Butter für die Form
Pfeffer
1 P. Tomato al Gusto mit Paprika, Zucchini und Zwiebeln
100 g Pecorino siciliano oder Emmentaler (40% Fett i.Tr.)
2 EL Paniermehl
1 EL Butter für Flöckchen

Ernährungstip

Rotbarsch, Schollen und andere Seefische – eine wichtige Nahrungsquelle für Jod. Da die anderen Nahrungsmittel vergleichsweise wenig Jod liefern, sollte eine Seefischmahlzeit pro Woche auf dem Speiseplan stehen. Weiterhin sind die meisten Seefische, die als Koch- oder Bratfisch verwendet werden, besonders eiweißreich – und das bei einem geringen Anteil an Fett. So sind z.B. in 100 g Rotbarsch 18 g Eiweiß, aber nicht einmal 4 g Fett enthalten. Der Kalorienwert liegt bei 110 kcal (460 kJ).

1. Den Spinat auftauen lassen. Die Kartoffeln pellen und in Scheiben schneiden.
2. Das Fischfilet mit Zitronensaft beträufeln und salzen.
3. Eine Auflaufform mit Butter ausfetten. Die Kartoffelscheiben hineingeben und mit Salz und Pfeffer würzen. Den Spinat abtropfen lassen und auf den Kartoffeln verteilen. Das Fischfilet darauf legen, mit Tomato al Gusto bedecken.
4. Den Käse reiben, mit dem Paniermehl mischen, auf den Auflauf streuen. Butterflöckchen darauf setzen.
5. Den Auflauf im vorgeheizten Backofen etwa 30 Min. backen.

Vorbereitungszeit: ca. 15 Min.
Garzeit: ca. 30 Min.
E-Herd: 200 °C/G-Herd: Stufe 3
Pro Portion ca. 1425 kJ/340 kcal

Schollenfilet mit Gemüse und Reis

200 g Langkornreis	
400 ml Wasser, Salz	
1 TL Butter	
500 g Schollenfilets	
Zitronensaft zum Beträufeln	
2 P. TK-Balkangemüse (je 300 g)	
2 EL Öl	
Pfeffer	
1 EL gehackter Dill	

1. Den Reis in das kochende Salzwasser streuen, die Butter dazugeben. Den Reis in 20 Min. auf schwacher Hitze ausquellen lassen.
2. Die Schollenfilets waschen, trockentupfen und mit Zitronensaft beträufeln.
3. Das Balkangemüse nach Anleitung auf der Packung zubereiten.
4. Die Schollenfilets trockentupfen, salzen und in heißem Öl von jeder Seite 2 Min. braten.
5. Reis, Gemüse und Schollen anrichten. Die Filets mit Dill bestreuen.

Vorbereitungszeit: ca. 10 Min.
Garzeit: ca. 30 Min.
Pro Portion ca. 1758 kJ/418 kcal

Hühnerfrikassee

1 kg Hähnchenbrust mit Knochen
1 l Wasser, Salz
200 g Lauchzwiebeln
40 g Butter oder Margarine
40 g Mehl
200 g Schlagsahne
Limetten- oder Zitronensaft zum Abschmecken
1 Prise Zucker
1 P. TK-Erbsen (250 g)
Evtl. Limettenscheiben zum Garnieren

1. Die Hähnchenbrust abspülen, zusammen mit dem Wasser und Salz zum Kochen bringen. Ca. 25 Min. garen.
2. Inzwischen die Lauchzwiebeln putzen, waschen und in Ringe schneiden.
3. Die Hähnchenbrüste aus der Brühe nehmen. Das Fleisch von den Knochen lösen und in mundgerechte Stücke schneiden. Die Brühe durch ein Sieb gießen und 400 ml abmessen.
4. Das Fett in einem Topf schmelzen, das Mehl darin vorsichtig schwitzen, damit es nicht klumpt. Die Hähnchenbrühe und die Schlagsahne angießen und mit dem Schneebesen gut verrühren. Die Sauce einige Minuten kochen lassen.
5. Die Sauce mit Salz, Limetten- oder Zitronensaft und Zucker abschmecken. Die Lauchzwiebeln und die Erbsen unterrühren und 5 Min. garen.
6. Das Geflügelfleisch unterheben. Das Ganze nochmals erhitzen und abschmecken.
7. Das Frikassee auf den Tellern anrichten und evtl. mit Limettenscheiben oder mit Zitronenscheiben garnieren.

Vorbereitungszeit: ca. 25 Min.
Garzeit: ca. 40 Min.
Pro Portion ca. 2251 kJ/536 kcal

Rindergulasch

500 g kleine Zwiebeln
2 Fleischtomaten (300 g)
700 g Gulasch
20 g Butterschmalz
250 ml Brühe, Salz, Pfeffer
1 EL Paprikapulver, edelsüß
1 Lorbeerblatt
6 Wacholderbeeren
evtl. etwas Majoran
1 TL Preiselbeerkompott
1 Becher saure Sahne (150 g)

1. Die Zwiebeln schälen und vierteln. Die Tomaten überbrühen, häuten, entkernen und kleinschneiden.
2. Die Fleischstücke in heißem Butterschmalz auf starker Hitze scharf anbraten. Die Zwiebeln dazugeben und mitbraten, bis sie goldgelb sind.
3. Die Brühe angießen, die Gewürze und die Tomaten hinzufügen und das Gulasch etwa 1 1/2 Std. auf schwacher Hitze schmoren.
4. Die Preiselbeeren mit der sauren Sahne verrühren, unter das Gulasch rühren. Nochmals abschmecken.

Vorbereitungszeit: ca. 25 Min.
Garzeit: ca. 1 3/4 Std.
Pro Portion ca. 1903 kJ/453 kcal

Grillspieße

1 große grüne Paprikaschote
8 kleine Zwiebeln
300 g ausgelöster Schweinenacken
1 Bockwurst (100 g)
8 dünne Scheiben durchwachsener Speck (120 g)
3 EL Öl
Tabascosauce
Knoblauchsalz, Salz
1 TL feingehackte Petersilie

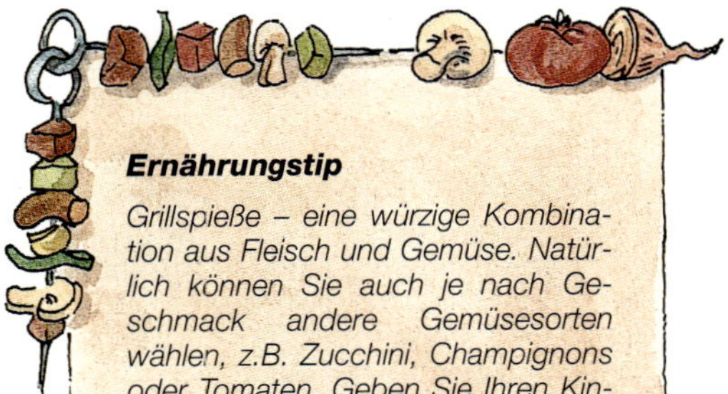

Ernährungstip

Grillspieße – eine würzige Kombination aus Fleisch und Gemüse. Natürlich können Sie auch je nach Geschmack andere Gemüsesorten wählen, z.B. Zucchini, Champignons oder Tomaten. Geben Sie Ihren Kindern doch die Gelegenheit, mit verschiedensten Gemüsesorten „Spieße nach Wahl" herzustellen. Es wird bestimmt viel Spaß machen.

1. Die Paprikaschote halbieren, entkernen, waschen und in etwa 2 cm große Quadrate schneiden. Die Zwiebeln schälen.
2. Den Schweinenacken in ca. 2 cm große Würfel, die Bockwurst in 1 cm dicke Scheiben schneiden. Die Speckscheiben aufrollen.
3. Den Grill vorheizen.
4. Die vorbereiteten Zutaten abwechselnd auf 4 Spieße stecken. Das Öl mit Tabascosauce, Knoblauchsalz und Petersilie verrühren, und die Spieße von allen Seiten damit bestreichen.
5. Die Spieße auf einen Bratrost legen und unter den Grill schieben (die Fettpfanne darunter schieben). Von jeder Seite 4–5 Min. grillen. Erst dann salzen.

Vorbereitungszeit: ca. 15 Min.
Garzeit: ca. 10 Min.
Pro Portion ca. 2522 kJ/600 kcal

Putensteaks mit Bratkartoffeln

750 g Kartoffeln
40 g Margarine, Salz
4 Putensteaks (je 150 g)
Rosmarin, evtl. Pfeffer
10 g Margarine
Paprikapulver, edelsüß
1 Dose Mais (Abtropfgewicht 285 g)

1. Die Kartoffeln waschen und in der Schale ca. 20 Min. garen. Dann abgießen, pellen und abkühlen lassen.
2. Die Kartoffeln in Scheiben schneiden. 40 g Margarine in einer Pfanne erhitzen, die Kartoffeln hineingeben, salzen und braten.
3. Die Putensteaks mit Rosmarin und evtl. Pfeffer würzen. Die restliche Margarine in einer zweiten Pfanne erhitzen, und die Steaks von jeder Seite 4 Min. darin braten, danach erst salzen.
4. Die Bratkartoffeln mit Paprikapulver würzen. Den abgetropften Mais unterheben und kurz mitbraten.
5. Die Bratkartoffeln und die Putensteaks zusammen anrichten.

Vorbereitungszeit: ca. 20 Min.
Garzeit: ca. 35 Min.
Pro Portion ca. 1939 kJ/461 kcal

Paprikaschnitzel mit Nudeln

250 g Spiralnudeln (möglichst mehrfarbig)
1 EL Öl, Salz
500 g rote und gelbe Paprikaschoten
1 Zwiebel
2 EL Öl, Paprikapulver
4 Schweineschnitzel (je 150 g)
2 EL Öl zum Braten
100 ml Fleischbrühe (Instant)
100 g Schlagsahne
1 EL Tomatenketchup
1 TL Instant-Soßenbinder, dunkel

Ernährungstip

Bunte Nudeln – da müßte doch jedes Kind begeistert sein. Durch Zusatz von Eiern, Spinat, Saft der roten Bete oder verschiedenen Gewürzen werden Nudeln industriemäßig gefärbt. Da es sich hier um natürliche Farbstoffträger handelt, ist vom gesundheitlichen Standpunkt gar nichts dagegen einzuwenden. Trocken aufbewahrt sind Nudeln bis zu einem Jahr lagerfähig.

1. Die Nudeln und das Öl in kochendes Salzwasser geben und ca. 10 Min. garen. Dann abgießen, warm stellen.
2. Die Paprikaschoten halbieren, entkernen, waschen und in schmale Streifen schneiden. Die Zwiebel schälen und würfeln.
3. 2 EL Öl erhitzen, die Zwiebel darin andünsten. Die Paprikaschoten dazugeben und mitdünsten. Mit Salz und Paprikapulver würzen und weitere 10 Min. im geschlossenen Topf garen. Evtl. etwas Wasser angießen.
4. Die Schweineschnitzel trockentupfen, in 2 EL heißem Öl beidseitig in 4 – 5 Min. braun braten. Mit Salz und Paprikapulver würzen, warm stellen.
5. Den Bratsatz mit Brühe und Schlagsahne loskochen. Das Tomatenketchup unterrühren, und die Sauce mit Soßenbinder binden. Mit Salz und Paprikapulver abschmecken.
6. Nudeln, Paprikagemüse und Schnitzel auf einer großen Platte anrichten. Die Sauce extra reichen.

Vorbereitungszeit: ca. 20 Min.
Garzeit: ca. 30 Min.
Pro Portion ca. 2835 kJ/675 kcal

Curry-Geschnetzeltes mit Früchten

1 rote Paprikaschote
1 grüne Paprikaschote
1 Zwiebel
100 g Champignons
300 g Hähnchenbrustfilets
2 EL Butter oder Margarine
1 Dose Fruchtcocktail (Abtropfgewicht 250 g)
1 P. Instant-Bratensauce (für 250 ml, 1/4 l)
Salz, 1 EL Curry
1 EL Zitronensaft
250 g Spaghetti
1 EL Öl
1 EL Butter oder Margarine
2 EL gehackte Petersilie
100 g Schlagsahne

1. Die Paprikaschoten halbieren, entkernen, waschen und in Streifen schneiden. Die Zwiebel schälen und würfeln.
2. Die Champignons putzen, waschen, in Scheiben schneiden.
3. Die Hähnchenbrustfilets in Würfel oder Streifen schneiden.
4. Das Fett in einer Pfanne erhitzen. Das Hähnchenfleisch darin leicht bräunen. Die Paprikaschoten, die Zwiebel und die Champignons dazugeben und mitschmoren.
5. Den Fruchtcocktail mit dem Saft und 200 ml Wasser angießen und das Geschnetzelte zum Kochen bringen. Das Bratensaucenpulver einrühren. Mit Salz, Curry und Zitronensaft würzen.
6. Das Geschnetzelte auf schwacher Hitze 10 – 12 Min. leicht kochen lassen.
7. Inzwischen die Spaghetti und 1 EL Öl in kochendes Salzwasser geben. Ca. 10 Min. kochen. Die Spaghetti abgießen. Mit dem Fett und der Petersilie durchschwenken.
8. Das Geschnetzelte mit der Sahne verrühren und nochmals abschmekken. Zu den Spaghetti servieren.

Vorbereitungszeit: ca. 25 Min.
Garzeit: ca. 25 Min.
Pro Portion ca. 2524 kJ/601 kcal

Zürcher Geschnetzeltes

1 kg Kartoffeln
2 Zwiebeln
500 g Kalbfleisch
250 g Champignons
1 TL Zitronensaft
60 g Margarine
Salz, 4 EL Öl
1 EL Mehl
Pfeffer
150 ml heißes Wasser
1 Becher saure Sahne (150 g)
1 EL TK-Petersilie
2 EL TK-Schnittlauch

Ernährungstip

Champignons – beliebte Speisepilze, die möglichst frisch verwendet werden sollten. Sie lassen sich aber auch gut einfrieren: Champignons waschen und evtl. abbürsten, abtrokknen, in Scheiben schneiden und einfrieren. 200 g Champignons haben nur 30 kcal (120 kJ).

1. Die Kartoffeln schälen, waschen und in kleine Würfel schneiden.
2. Die Zwiebeln schälen und fein würfeln. Das Kalbfleisch in Stifte schneiden.
3. Die Champignons waschen, in Scheiben schneiden und mit dem Zitronensaft beträufeln.
4. Margarine in einer großen Pfanne erhitzen, die Kartoffelwürfel hineingeben und mit Salz bestreuen.
5. Den Deckel auf die Pfanne legen, und die Kartoffeln bei milder Hitze etwa 25 Min. schmoren. Ab und zu wenden.
6. Inzwischen 2 EL Öl erhitzen, die Zwiebeln und die Champignons darin andünsten. Beides aus der Pfanne nehmen.
7. Noch 2 EL Öl in die Pfanne geben. Das Fleisch mit dem Mehl bestäuben und bei starker Hitze in heißem Öl in ca. 5 Min. braun braten. Die Champignonzwiebeln dazugeben. Mit Salz und Pfeffer würzen.
8. Das heiße Wasser angießen, die saure Sahne zufügen und alles gut verrühren. Aufkochen lassen.
9. Das Geschnetzelte abschmekken und mit der Petersilie verrühren.
10. Die Kartoffeln und das Geschnetzelte anrichten. Den Schnittlauch über die Kartoffeln streuen.

Vorbereitungszeit: ca. 40 Min.
Garzeit: ca. 25 Min.
Pro Portion ca. 2309 kJ/550 kcal

Hackfleischpfanne mit Mais

Das brauchst Du für
4 Portionen:

1 Bund junge Möhren
2 Zwiebeln
3 EL Öl
400 g Hackfleisch
150 ml heißes Wasser
1 TL gekörnte Brühe
1 Dose Mais (Abtropfgewicht 285 g)
1/2 TL Salz
1/2 TL Oregano
5 EL Tomatenketchup

1. Von den Möhren das Laub abschneiden. Die Möhren gut waschen und bürsten.

2. Die Möhren in dünne Scheiben schneiden.

3. Die Zwiebeln schälen. In Würfel schneiden.

4. Das Öl in die Pfanne geben und bei starker Hitze (Stufe 3 oder 12) heiß werden lassen.

5. Die Zwiebeln in die Pfanne geben. Bei mittlerer Hitze (Stufe 2 oder 7) andünsten und rühren.

6. Das Hackfleisch dazugeben, anbraten. Mit dem Bratenwender häufig wenden.

7. Die Möhren in die Pfanne geben. Das Wasser dazugießen und die gekörnte Brühe unterrühren.

8. Die Maisdose öffnen. Den Mais in die Pfanne geben und umrühren.

9. Das Salz und den Oregano darüber streuen.

10. Den Deckel auf die Pfanne legen. 5 Minuten kochen lassen.

11. Den Ketchup unter das Hackfleisch rühren. Aufkochen.

12. Den Herd ausschalten.
Pro Portion ca. 2032 kJ/484 kcal

Gurkenrollen

2 Salatgurken
3 kleine rote Paprikaschoten
250 g Doppelrahm-Frischkäse
75 g saure Sahne
1 Bund Dill
Salz
evtl. Pfeffer

1. Die Gurken waschen und durchschneiden. Die Hälften aushöhlen und das Innere in kleine Würfel schneiden.
2. Die Paprikaschoten halbieren, entkernen, waschen und in feine Würfel schneiden.
3. Den Frischkäse mit der sauren Sahne verrühren. Die Gurken- und Paprikawürfel dazugeben und unterrühren.
4. Den Dill waschen, trockentupfen und hacken. Ebenfalls unterrühren. Die Käsemasse mit Salz und evtl. Pfeffer abschmecken.
5. Den Käse in die Gurkenhälften füllen. Im Kühlschrank kurze Zeit durchkühlen lassen.
6. Die Gurken in ca. 5 cm dicke Scheiben schneiden und anrichten.

Zubereitungszeit: ca. 20 Min.
Pro Portion ca. 1220 kJ/290 kcal

Frühlingsrollen

200 g Möhren
1 Stange Porree
150 g Sojabohnenkeime
2 Zwiebeln
1 EL Öl
1 Knoblauchzehe
Salz
1 P. TK-Blätterteig (250 g)
1 Eiweiß
Pflanzenfett zum Fritieren

1. Die Möhren schälen, waschen und grob raspeln. Den Porree putzen, waschen, in feine Ringe schneiden. Die Sojakeime abspülen und abtropfen lassen.
2. Die Zwiebeln schälen, fein würfeln und im heißen Öl andünsten. Den Knoblauch schälen und durch die Presse dazugeben. Das vorbereitete Gemüse unterrühren und salzen. Einen Schuß Wasser angießen. Das Gemüse in ca. 5 Min. bißfest dünsten. Abkühlen lassen.
3. Den Blätterteig nach Anweisung auf der Packung abgedeckt auftauen lassen. Dann jede Platte zu einer Größe von 12 x 12 cm ausrollen. Das Gemüse diagonal als dicken Streifen darauf geben. Die Teigränder mit Eiweiß bestreichen. Die sich gegenüberliegenden Teigecken über dem Gemüse zusammendrücken (zuerst von der Schmalseite des Gemüses her), dann Rollen formen.
4. Die Frühlingsrollen in ca. 180 °C heißem Pflanzenfett in 5 – 6 Min. goldbraun fritieren. Die Rollen abtropfen lassen und heiß servieren.

Vorbereitungszeit: ca. 25 Min.
Garzeit: ca. 10 Min.
Pro Portion ca. 2007 kJ/478 kcal

Chicoréeauflauf

600 g Chicorée
1 mittelgroße Zwiebel
20 g Margarine
Meersalz
Margarine für die Form
1 Becher Crème fraîche
2 Eier
Muskatnuß
1/2 TL Currypulver
100 g geriebener Käse (45% i.Tr.)
2 EL Sonnenblumenkerne

1. Den Chicorée putzen, halbieren und den bitteren Kern entfernen. Die Hälften gut waschen und abtropfen lassen.
2. Die Zwiebel schälen und in Würfel schneiden. In der heißen Margarine andünsten. Den Chicorée dazugeben. Mit Meersalz würzen und im geschlossenen Topf 10 Min. dünsten. Evtl. etwas Wasser zufügen.
3. Die Auflaufform mit Margarine ausfetten. Den abgetropften Chicorée hineingeben und gleichmäßig verteilen.
4. Crème fraîche mit den Eiern und den Gewürzen verrühren und über das Gemüse gießen. Den Käse und die Sonnenblumenkerne darüber streuen.
5. Den Chicoréeauflauf im vorgeheizten Backofen ca. 30 Min. überbacken.

Vorbereitungszeit: ca. 20 Min.
Garzeit: ca. 40 Min.
E-Herd: 220 °C/G-Herd: Stufe 4
Pro Portion ca. 1690 kJ/402 kcal

Gemüse mit Kräuterquark

500 g Kartoffeln
500 g Möhren
800 g Zucchini
40 g Butter oder Margarine
100 ml Fleischbrühe (Instant)
300 g Speisequark 20%
100 ml Milch
Salz, Paprikapulver, edelsüß
evtl. Pfeffer
1 P. TK-gemischte Kräuter
1/2 P. TK-Petersilie

1. Die Kartoffeln und Möhren schälen, waschen und in Stifte schneiden. Die Zucchini waschen und in nicht zu dünne Stifte schneiden.
2. Das Fett erhitzen und das Gemüse und die Kartoffeln darin andünsten. Die Brühe angießen und alles 10 Min. garen.

3. In der Zwischenzeit den Quark mit der Milch, den Gewürzen und den Kräutern verrühren. Abschmecken und evtl. etwas nachwürzen.
4. Den Kräuterquark zum heißen Gemüse servieren.

Vorbereitungszeit: ca. 20 Min.
Garzeit: ca. 15 Min.
Pro Portion ca. 1381 kJ/329 kcal

Ratatouille

- 1 kleine Gemüsezwiebel (200 g)
- 1 Knoblauchzehe, ca. 7 EL Öl
- 375 g Auberginen
- Mehl zum Wenden
- 400 g Tomaten
- 400 g Zucchini
- 400 g Paprikaschoten
- Öl für die Form
- Salz, Pfeffer, 1 TL Basilikum

1. Die Gemüsezwiebel schälen, halbieren und in Streifen schneiden. Den Knoblauch schälen und durch die Presse drücken.
2. 2 EL Öl in einer Pfanne erhitzen und beides darin andünsten. Aus dem Öl herausnehmen.
3. Die Auberginen waschen, abtrocknen und in 1 cm dicke Scheiben schneiden. In Mehl wenden. Noch etwas Öl in die Pfanne geben und die Auberginenscheiben darin leicht bräunen. Bei Bedarf noch weiteres Öl in die Pfanne geben.
4. Die Tomaten überbrühen, abschrecken, abziehen und in Scheiben schneiden. Die Zucchini waschen und ebenfalls in Scheiben schneiden. Die Paprikaschoten halbieren, entkernen, waschen und in Streifen schneiden.
7. Eine Auflaufform mit Öl auspinseln und das Gemüse hineinschichten. Mit Salz, Pfeffer und am besten frischem Basilikum würzen.
8. Die geschlossene Form in den vorgeheizten Backofen schieben und das Gemüse 50 – 60 Min. garen.

Vorbereitungszeit: ca. 40 Min.
Garzeit: ca. 70 Min.
Pro Portion ca. 1089 kJ/259 kcal

Gemüsepfanne mit Ei

500 g Champignons
250 g Möhren
250 g Porree
100 g Schwarzwälder Schinken in dünnen Scheiben
30 g Butter oder Margarine
Salz, Korianderpulver
5 Eier
250 g Schlagsahne
Pfeffer aus der Mühle
1 Bund Schnittlauch

Ernährungstip

Schnittlauch – die grünen Blätter dieses Zwiebelgemüses sind eine ideale Ergänzung zu vielen Speisen. Nicht nur zur Dekoration, auch als Küchenkraut mit appetitanregender Wirkung ist er sehr beliebt. Schnittlauch ist reich an Mineralstoffen und hat einen hohen Gehalt an Vitamin C. Darum immer über die fertige Speise geben, durch Mitkochen würde der Vitamingehalt erheblich reduziert. Schnittlauch wächst auch auf dem Balkon oder im Freiland sehr gut.

1. Die Champignons putzen, waschen und halbieren.
2. Die Möhren schälen, den Porree putzen, waschen und beides in dünne Scheiben schneiden.
3. Den Schinken in schmale Streifen schneiden.
4. Das Fett erhitzen und den Schinken darin anbraten. Die Pilze und die Möhren dazugeben und alles 5 Min. dünsten.
5. Den Porree dazugeben und kurz mitgaren. Mit Salz und Korianderpulver würzen.
6. Die Eier, die Schlagsahne, Salz und Pfeffer verquirlen, über das Gemüse gießen.
7. Bei mittlerer Hitze 8 – 10 Min. stocken lassen.
8. Den Schnittlauch waschen, trockentupfen und mit der Schere in Röllchen schneiden. Über die Gemüsepfanne streuen.

Vorbereitungszeit: ca. 25 Min.
Garzeit: ca. 15 Min.
Pro Portion ca. 1997 kJ/475 kcal

Gebratene Kohlrabischeiben

- 1 kg dicke Kohlrabi
- Salz
- 1 Bund Petersilie
- 1 Bund Basilikum
- 50 g gemahlene Mandeln
- 8 EL Öl
- evtl. Pfeffer
- 1 Bund Schnittlauch
- 2 EL Paniermehl
- 75 g geriebener Käse (z.B. Parmesan)
- 1 Ei
- 2 EL Mehl
- Butter oder Margarine zum Braten

1. Die Kohlrabi schälen und in 1 cm dicke Scheiben schneiden. In kochendes Salzwasser geben und 8 – 10 Min. garen. Abtropfen lassen.
2. Für die Kräuterpaste die Kräuter waschen, trockentupfen und fein hacken. Mit den Mandeln und dem Öl verrühren. Die Paste mit Salz und evtl. Pfeffer abschmecken.
3. Den Schnittlauch waschen, trockentupfen und in Röllchen schneiden. Mit dem Paniermehl und dem geriebenen Käse mischen. Das Ei verschlagen.
4. Die Kohlrabischeiben nacheinander in Mehl, Ei und der Käsemischung wenden. In heißem Fett von jeder Seite in 2 – 3 Min. hellbraun braten.
5. Die Kohlrabischeiben mit der Kräuterpaste servieren.

Vorbereitungszeit: ca. 30 Min.
Garzeit: ca. 25 Min.
Pro Portion ca. 2110 kJ/503 kcal

Blattspinat mit Tomaten

400 g Spinat
1 Gemüsezwiebel
2 Fleischtomaten (200 g)
30 g Butter oder Margarine zum Braten
Salz
Pfeffer
Außerdem:
50 g Mozzarella

Porree mit feiner Sauce

4 Stangen Porree (ca. 1 kg)
Salz
80 g Butter oder Margarine
2 EL Crème fraîche
1 EL süßer Senf
Zitronensaft zum Abschmecken
1 hartgekochtes Ei

1. Den Porree putzen, gründlich waschen und jede Stange evtl. in 2 Stücke schneiden. In kochendem Salzwasser ca. 20 Min. garen. Abtropfen lassen.
2. Die Butter oder Margarine erhitzen, mit Crème fraîche und Senf verrühren und mit Zitronensaft und evtl. Salz abschmecken.
3. Das Ei pellen und in Würfel teilen. Die Hälfte davon in die Sauce geben.
4. Die Porreestangen anrichten, die heiße Sauce darüber geben, und die restlichen Eiwürfel darüber streuen.

Vorbereitungszeit: ca. 15 Min.
Garzeit: ca. 20 Min.
Pro Portion ca. 1125 kJ/268 kcal

Ernährungstip

Spinat – ein Gemüse, das im Frühjahr, Herbst und Winter angebaut wird. Der Winterspinat ist meist etwas grober als der feine Sommerspinat. Man unterscheidet den Wurzelspinat vom Blattspinat: Beim Wurzelspinat wird die ganze Pflanze verwendet, beim Blattspinat werden nur einzelne Blätter geerntet. Spinat enthält viel Eiweiß, Vitamin C, Carotin sowie Mineralstoffe. Außerdem enthält er Oxalsäure, ein Stoff, der sich mit Calcium verbindet. Aus diesem Grund sollten Spinatgerichte immer mit Milch oder Milchprodukten verfeinert werden, damit dieser unerwünschte Effekt wieder ausgeglichen wird. Oft wird Spinat auch so gelobt, weil er angeblich viel Eisen enthalten soll. Doch das ist eine Falschmeldung. Zwingen Sie Ihr Kind deshalb nicht aus diesem Grund zum Spinatessen. Vielleicht kommt es ja ganz alleine auf den Geschmack, vor allem, wenn Sie ihn wie hier – mit Tomaten und Mozzarella – zubereiten.

1. Den Spinat putzen, waschen und in einem Topf so lange erhitzen, bis er zusammengefallen ist. Gut abtropfen lassen.
2. Die Gemüsezwiebel schälen und in Würfel schneiden. Die Tomaten waschen, in Scheiben schneiden.
3. Das Fett erhitzen, und die Zwiebel auf schwacher Hitze darin dünsten. Den Spinat gut untermischen, mit Salz und Pfeffer würzen, und die Tomaten darauf legen. Weitere 5 Min. dünsten.
4. Den Mozzarella würfeln, über den angerichteten Spinat streuen.

Vorbereitungszeit: ca. 30 Min.
Garzeit: 10 – 15 Min.
Pro Portion ca. 604 kJ/144 kcal

Bohnentopf

750 g grüne Bohnen
600 g kleine Kartoffeln
300 g Schweinefilet
1 Zwiebel, 3 EL Öl
150 ml Fleischbrühe (Instant)
1 Bund Bohnenkraut, Salz

1. Die Bohnen abfädeln, waschen und in Stücke brechen. Die Kartoffeln schälen, waschen und der Länge nach halbieren.
2. Das Schweinefilet in Würfel schneiden. Die Zwiebel schälen und fein würfeln.
3. Das Öl erhitzen und das Fleisch darin anbraten, aus der Pfanne nehmen. Die Kartoffeln und die Zwiebel im Bratfett leicht braun braten.
4. Die Bohnen, das Fleisch und die Brühe dazugeben, aufkochen. Das gewaschene Bohnenkraut in den Topf geben, alles leicht salzen und ca. 30 Min. garen.
5. Den Bohnentopf nochmals abschmecken.

Vorbereitungszeit: ca. 20 Min.
Garzeit: ca. 40 Min.
Pro Portion ca. 1352 kJ/322 kcal

Ernährungstip

Bohnen – sie gehören wie Erbsen und Linsen zu den Hülsenfrüchten. Eßbar sind sowohl die meist weißlichen Kerne als auch die Hülsen. Bohnen enthalten hochwertiges pflanzliches Eiweiß, sättigende Kohlenhydrate sowie Vitamine und Mineralstoffe. Achten Sie beim Einkauf darauf, daß die Bohnen frisch sind. Da in rohen Bohnen ein Giftstoff enthalten ist, das sogenannte Phasin, sollten sie keinesfalls roh gegessen werden. Ansonsten kann es zu Vergiftungen, Durchfall und Übelkeit kommen. Durch Kochen wird das Phasin zerstört, und die Bohnen sind genießbar. Ein ideales Gewürz für Bohnengerichte ist das Bohnenkraut. Es sollte immer erst kurz vor Beendigung der Garzeit zugegeben werden, damit es nur kurz mitzieht. Sollten Sie kein frisches Bohnenkraut bekommen, so bietet es der Handel auch getrocknet in gemahlener Form an.

Bechamel-kartoffeln mit Ei

- 750 g Kartoffeln
- 4 Eier
- 2 P. Instant-Helle-Sauce (je für 250 ml)
- 1 Bund Petersilie

1. Die Kartoffeln gründlich waschen und in der Schale 20 Min. kochen. Dann abgießen und pellen.
2. Die Eier in kochendes Wasser geben und 8 Min. kochen. Mit kaltem Wasser abschrecken.
3. Die Kartoffeln in Scheiben schneiden.
4. Die Instant-Helle-Sauce nach Anleitung auf der Packung zubereiten. Die Kartoffelscheiben dazugeben und vorsichtig unterheben. Nochmals erhitzen.
5. Die Petersilie waschen, trockentupfen und hacken. Unter die Kartoffeln mischen.
6. Die Eier pellen, halbieren und zu den Bechamelkartoffeln servieren.

Vorbereitungszeit: ca. 20 Min.
Garzeit: ca. 30 Min.
Pro Portion ca. 1260 kJ/300 kcal

Rösti mit Kräutergemüse

- 2 P. TK-Sommergemüse (je 300 g)
- 1 P. TK-Kartoffelrösti (300 g)
- Öl zum Braten
- 1 Becher Crème fraîche (150 g)
- 2 EL Petersilie
- 100 g Speisequark (20%)
- 1/2 P. TK-gemischte Kräuter
- Salz

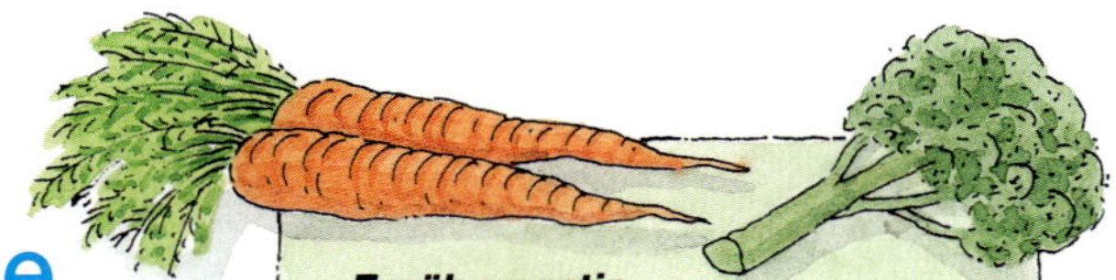

Ernährungstip

Sommergemüse – meist eine bunte Mischung aus Möhren, Erbsen, Bohnen, Brokkoli und Blumenkohl. Da das Gemüse erntefrisch tiefgefroren wird, bleiben die Vitamine weitestgehend erhalten. So können Sie das ganze Jahr über mit gutem Gewissen diese bunte Gemüsemischung auf den Tisch bringen. Gerade im Winter, wo das Angebot an frischem Gemüse sehr einseitig ist – meist hat das Gemüse auch schon eine lange Lagerzeit hinter sich und dadurch an Vitaminen verloren – ist TK-Gemüse eine gesunde Bereicherung des täglichen Speiseplans.

1. Das Sommergemüse nach Anleitung auf der Packung garen, abtropfen lassen.
2. Die Rösti in heißem Fett knusprig braten.
3. 1/2 Becher Crème fraîche und die Petersilie mit dem Gemüse vermischen.
4. Die restliche Crème fraîche mit dem Speisequark und den gemischten Kräutern verrühren und mit Salz abschmecken.
6. Die Rösti anrichten. Zusammen mit dem Gemüse und der Kräutercreme servieren.

Vorbereitungszeit: ca. 15 Min.
Garzeit: ca. 15 Min.
Pro Portion ca. 1407 kJ/335 kcal

Gemüse-Rösti mit Kräuterjoghurt

500 g Kartoffeln
800 g Möhren
2 Bund Schnittlauch
3 Eier
Salz
1 TL Curry
evtl. Pfeffer
Öl zum Braten
2 Becher Trinkmilchjoghurt (je 150 g)

1. Die Kartoffeln und die Möhren mit dem Sparschäler schälen, waschen und grob raspeln.
2. Den Schnittlauch waschen, trockentupfen und 1 Bund in Röllchen schneiden.
3. Die Kartoffeln, Möhren, Eier, Schnittlauch und Gewürze gut verrühren.
4. Öl in einer Pfanne erhitzen und kleine Rösti darin braten. Jeweils warm stellen.
5. Den Joghurt mit dem restlichen, in Röllchen geschnittenen Schnittlauch verrühren. Mit Salz und evtl. Pfeffer abschmecken.
6. Den Kräuterjoghurt zu den Rösti servieren.

Vorbereitungszeit: ca. 20. Min.
Garzeit: ca. 5 Min. je Pfanne
Pro Portion ca.1482 kJ/353 kcal

Kartoffelpfanne
Für 3 Portionen

600 g Kartoffeln
150 g gekochter Schinken
2 EL Butterschmalz (20 g)
200 g Kräuter-Doppelrahm-Frischkäse
150 ml Milch
1 Bund Schnittlauch
1 Bund Petersilie

1. Die Kartoffeln schälen, waschen und in dünne Scheiben schneiden. Den Schinken in Streifen schneiden.
2. Das Butterschmalz in einer Pfanne erhitzen und die Kartoffeln darin anbraten. Den Schinken dazugeben und mitbraten.
3. Den Frischkäse und die Milch gut miteinander verrühren, in die Pfanne geben.
4. Die Kartoffeln in der geschlossenen Pfanne bei schwacher Hitze 20 Min. schmoren.
5. In der Zwischenzeit die Kräuter waschen und trockentupfen. Den Schnittlauch in Röllchen schneiden, die Petersilie hacken.
6. Die Kräuter unter die Kartoffeln mischen.

Vorbereitungszeit: ca. 20 Min.
Garzeit: ca. 25 Min.
Pro Portion ca. 2293 kJ/546 kcal

Kartoffelrolle
Für 2 Portionen

1 P. Krokettenpulver (500 g)
250 ml Wasser (1/4 l)
1/2 Brötchen (25 g)
1 kleine Zwiebel
150 g gemischtes Hackfleisch
1 EL Tomatenmark, 1 Ei
Salz, Pfeffer, Paprikapulver
Pizzagewürz
Margarine zum Braten

1. Das Krokettenpulver in das kalte Wasser einrühren und 10 Min. quellen lassen.
2. Inzwischen die Brötchenhälfte einweichen. Die Zwiebel in feine Würfel schneiden.
3. Das Hackfleisch in eine Schüssel geben. Das ausgedrückte Brötchen, die Zwiebel, das Tomatenmark, das Ei und die Gewürze hinzufügen und alles mit den Knethaken des Handrührgerätes gut vermengen.
4. Den Kartoffelteig auf einer Alufolie zu einem etwa 1 cm dicken Rechteck ausrollen, den Hackfleischteig gleichmäßig darauf streichen (Ränder freilassen). Durch Anheben der Alufolie von der Schmalseite her eine Rolle formen.
5. Die Kartoffelrolle in 2 cm dicke Scheiben schneiden und in heißer Margarine von beiden Seiten goldbraun backen.

Vorbereitungszeit: ca. 30 Min.
Garzeit: ca. 5 Min. je Pfanne
Pro Portion ca. 2282 kJ/543 kcal

Kartoffelauflauf

500 g Gemüsezwiebeln
1 EL Öl
30 g Butter
800 g Kartoffeln
Fett für die Form
Salz
evtl. weißer Pfeffer
250 g Schlagsahne (1/4 l)
100 ml Milch
20 g geriebener Käse
Muskatnuß
2 EL Paniermehl
30 g Butter
1 EL gehackte Petersilie

Ernährungstip

Kartoffeln – der Handel bietet ein reichhaltiges Kartoffelsortiment mit unterschiedlichen Eigenschaften. Beim Einkauf sind die Kocheigenschaften zu beachten: festkochende Sorten für Kartoffelsalat, Salz-, Pell- und Bratkartoffeln, vorwiegend festkochende für Bratkartoffeln und Pommes frites und mehlig festkochende für Kartoffelpüree, Puffer, Klöße, Suppen und Eintopfgerichte. Kartoffeln müssen vor dem Verzehr gekocht werden, denn die rohe Kartoffelstärke kann nicht verdaut und verwertet werden. Auch wenn Kinder gerne rohe Kartoffeln essen, übertreiben sollte man es nicht. Grüne Stellen an der Kartoffel müssen bei der Zubereitung großzügig entfernt werden. Hierin befindet sich das giftige Solanin, das sich in unreifen Kartoffeln und den am Licht grün gewordenen Teilen bildet.

1. Die Gemüsezwiebeln schälen und in dünne Ringe schneiden.
2. Das Öl und die Butter erhitzen und die Zwiebelringe darin glasig dünsten.
3. Die Kartoffeln schälen, waschen und mit einem scharfen Messer in feine Stifte schneiden.
4. Eine Auflaufform ausfetten und abwechselnd Kartoffeln und Zwiebeln einfüllen. Jede Lage mit Salz und evtl. Pfeffer würzen. Die obere Lage sollten Kartoffeln sein.
5. Die Schlagsahne mit der Milch, dem Käse und geriebener Muskatnuß verrühren, über die Kartoffeln gießen.
6. Die Auflaufform mit einem Deckel oder Alufolie fest verschließen. Den Auflauf im vorgeheizten Backofen 40 Min. garen.
7. Die Alufolie abnehmen. Den Auflauf mit Paniermehl bestreuen und mit Butterflöckchen besetzen. Die Petersilie darüber streuen und den Auflauf weitere 20 Min. backen.

Vorbereitungszeit: ca. 40 Min.
Garzeit: ca. 60 Min.
E-Herd: 200 – 220 °C/
G-Herd: Stufe 3 – 4
Pro Portion ca. 2520 kJ/600 kcal

Kartoffelpuffer mit Apfelmus

Für 2 Portionen

- 1 P. Kartoffelpufferpulver (für 15 Stück)
- 500 ml Wasser (1/2 l)
- Pflanzenfett zum Braten
- 1 Glas Apfelmus (Füllmenge 350 g)
- 40 g Zucker

1. Das Kartoffelpufferpulver mit dem Schneebesen in das kalte Wasser einrühren und quellen lassen.
2. Pflanzenfett in einer Pfanne erhitzen, den Teig eßlöffelweise hineingeben, glattstreichen, und die Puffer von beiden Seiten goldbraun backen.
3. Die Kartoffelpuffer mit dem Apfelmus und Zucker servieren. Statt mit Apfelmus und Zucker kann man die Kartoffelpuffer auch mit Preiselbeeren und Zimtzucker, Konfitüren oder selbstgemachtem, herzhaftem Kompott aus frischen Früchten servieren.

Vorbereitungszeit: ca. 5 Min.
Garzeit: ca. 5 Min. je Pfanne
Pro Portion ca. 4838 kJ/1152 kcal

Doppeldecker mit Schinken-Rührei

Für 2 Portionen

- 1 P. Kartoffelpufferpulver (für 15 Stück)
- 1/2 l Wasser
- Öl zum Braten
- 4 Eier
- 3 EL Wasser
- Salz, Muskat
- 125 g gekochter Schinken
- 10 g Margarine
- 1 EL gehackte Petersilie

1. Das Kartoffelpufferpulver mit dem Schneebesen in das kalte Wasser einrühren und 10 Min. quellen lassen.
2. Öl in einer Pfanne erhitzen und aus dem Kartoffelteig 16 kleine Puffer backen, warm stellen.
3. Für das Rührei die Eier mit Wasser und den Gewürzen verschlagen. Den Schinken in Würfel oder Streifen schneiden und unterrühren.
4. Margarine in einer Pfanne erhitzen, die Eimasse hineingeben und das Rührei zubereiten.
5. 8 Kartoffelpuffer auf eine Platte geben, das Rührei darauf verteilen und die Petersilie darüber streuen. Die übrigen 8 Puffer darauf legen. Sofort servieren.

Vorbereitungszeit: ca. 10 Min.
Garzeit: ca. 5 Min. je Pfanne
Pro Portion ca. 5326 kJ/1268 kcal

Grüne Lasagne

Für 6 Portionen

- 1 Zwiebel, 150 g Möhren
- 2 Stangen Staudensellerie
- 3 EL Öl
- 300 g gemischtes Hackfleisch
- 1 Dose Tomaten
- 250 ml Fleischbrühe (1/4 l)
- Salz, Pfeffer, Oregano
- 100 g Schlagsahne
- 60 g Butter oder Margarine
- 50 g Mehl, 500 ml Milch (1/2 l)
- Muskat, Fett für die Form
- 500 g grüne Lasagnenudeln
- 100 g geriebener Parmesan

Ernährungstip

Nudeln bzw. Teigwaren – zählen zu den wichtigen Grundnahrungsmitteln. Hauptbestandteil ist das Getreide, insbesondere Weizen. Damit werden Nudeln zu einem stärkeliefernden Nahrungsmittel. Besonders hochwertig sind Vollkornnudeln, die die Bestandteile des ursprünglichen Getreidekorns enthalten. Durch den Ballaststoffanteil sind sie besonders sättigend. Bereiten Sie doch mal eigene Vollkorn-Lasagnenudeln zu.

1. Die Zwiebel schälen und würfeln. Die Möhren putzen und fein würfeln. Den Staudensellerie putzen und in feine Scheiben schneiden.
2. Das Öl erhitzen, die Zwiebel darin glasig dünsten. Das Hackfleisch und das Gemüse dazugeben und unter Wenden dünsten. Die Tomaten (Abtropfgewicht 240 g) mit dem Saft und die Brühe zufügen, mit den Gewürzen abschmecken, und die Sauce etwa 45 Min. einkochen.
3. Nach 30 Min. die Schlagsahne in die Sauce rühren.
4. Für die Sauce Butter oder Margarine zerlassen, das Mehl einrühren und kurz andünsten. Die Milch dazugießen, die Sauce glattrühren und etwa 5 Min. leicht kochen lassen. Mit Salz und Muskat abschmecken.
5. Eine Auflaufform ausfetten. Abwechselnd die rohen Lasagnenudeln und die Tomaten-Fleisch-Sauce, Bechamelsauce und Käse einschichten. Mit Bechamelsauce und Käse abschließen.
6. Den Auflauf im vorgeheizten Backofen ca. 40 Min. backen.

Vorbereitungszeit: ca. 40 Min.
Garzeit: ca. 90 Min.
E-Herd: 200 °C/G-Herd: Stufe 3
Pro Portion ca. 2080 kJ/495 kcal

Bananenreis mit Geflügelleber

500 ml Hühnerbrühe (1/2 l)	
evtl. 1 Lorbeerblatt	
250 g Langkornreis	
400 g Putenleber	
2 säuerliche Äpfel (300 g)	
3 EL Öl	
2 TL Currypulver	
1 TL Paprikapulver, edelsüß	
Salz	
2 kleine Bananen (250 g)	
1 EL Butter	
50 g geröstete Erdnußkerne	
1 TL Zitronensaft	

1. Die Hühnerbrühe – evtl. mit dem Lorbeerblatt – zum Kochen bringen. Den Reis dazugeben und ca. 20 Min. auf schwacher Hitze ausquellen lassen.
2. Die Leber in ca. 2 cm große Würfel schneiden. Die Äpfel waschen, vierteln, entkernen und in Stücke schneiden.
3. Leber und Äpfel gleichmäßig auf 4 Spieße stecken.
4. Das Öl in einer Pfanne erhitzen, und die Spieße bei mittlerer Hitze darin ca. 4 Min. braten, dabei mehrmals wenden.
5. Curry und Paprikapulver mischen, etwas davon über die Spieße streuen. Die Spieße im Bratfett wenden, salzen und auf einem Teller warm stellen.
6. Die Bananen schälen und in Scheiben schneiden.
7. Die Butter im Bratfett erhitzen, und die Bananen und die Erdnüsse darin anbraten. Das restliche Gewürzgemisch dazugeben, den Reis unterheben, und alles mit Zitronensaft abschmecken.
8. Den Reis anrichten, und die Leberspieße darauf legen.

Vorbereitungszeit: ca. 20 Min.
Garzeit: ca. 25 Min.
Pro Portion ca. 1890 kJ/450 kcal

Sommer-Risotto

- 1 große Zwiebel
- 2 Knoblauchzehen
- 150 g gekochter Schinken
- 150 g Champignons
- 250 g Tomaten
- 3 EL Öl
- 300 g Reis
- 100 g TK-Erbsen
- 600 ml heiße Brühe
- evtl. 1 Msp. Safranfäden
- 1 EL Butter
- 50 g geriebener Emmentaler-Käse
- evtl. Salz
- 1 EL gehackte Petersilie

1. Die Zwiebel und die Knoblauchzehen schälen und fein hacken. Den Schinken würfeln.
2. Die Champignons putzen, waschen und halbieren oder vierteln. Die Tomaten über Kreuz einschneiden, kurz in kochendes Wasser geben, häuten (dabei die Stengelansätze entfernen) und kleinschneiden.
3. Das Öl erhitzen, die Zwiebel und den Knoblauch darin glasig werden lassen. Den Reis und den Schinken zugeben und leicht anbraten.
4. Die Erbsen, die Champignons und die Tomaten dazugeben, mit der Brühe aufgießen und evtl. den in etwas kochendem Wasser aufgelösten Safran unterrühren.
5. Den Risotto zugedeckt bei schwacher Hitze 20 – 30 Min. garen.
6. Die Butter und die Hälfte des Käses unterheben. Evtl. mit Salz nachwürzen.
7. Den Risotto anrichten und mit dem restlichen Käse und der Petersilie bestreuen.

Vorbereitungszeit: ca. 20 Min.
Garzeit: ca. 30 Min.
Pro Portion ca. 2300 kJ/548 kcal

Spaghetti bolognese

Für 3 Portionen

- 1 Zwiebel
- 2 Knoblauchzehen
- 1 kleine Möhre
- 100 g Staudensellerie
- 300 g gemischtes Hackfleisch
- 2 EL Olivenöl
- 1 Dose Tomaten (Abtropfgewicht 240 g)
- 1 kleine Dose Tomatenmark (70 g)
- 100 ml Fleischbrühe
- 2 TL getrockneter Oregano
- Salz, Pfeffer
- 1 Prise Zucker
- 300 g Spaghetti
- 1 EL Öl
- 75 g geriebener Parmesan

1. Die Zwiebel und die Knoblauchzehen schälen und in Würfel schneiden. Die Möhre schälen und wa-

schen, den Staudensellerie waschen. Beides in Würfel schneiden.
2. Das Hackfleisch in heißem Öl anbraten. Die Zwiebel, den Knoblauch und das Gemüse dazugeben und kurz mitbraten.
3. Die Tomaten mit der Flüssigkeit, das Tomatenmark und die Fleischbrühe hinzufügen.
4. Die Sauce im offenen Topf auf schwacher Hitze ca. 20 Min. kochen. Den Oregano unterrühren und weitere 20 Min. leicht kochen lassen. Mit Salz, Pfeffer und Zucker abschmecken.
5. Inzwischen die Spaghetti und das Öl in kochendes Salzwasser geben und ca. 10 Min. kochen. Dann abgießen und abtropfen lassen.
6. Die Spaghetti in einer vorgewärmten Schüssel anrichten. Die Sauce darauf füllen und den Parmesan darüber streuen.

Vorbereitungszeit: ca. 30 Min.
Garzeit: ca. 50 Min.
Pro Portion ca. 4120 kJ/980 kcal

Nudelauflauf mit Champignons

250 g Muschelnudeln
1 EL Öl
Salz
250 g Tomaten
300 g Champignons
200 g gekochter Schinken
2 EL Öl
2 EL gehackte Petersilie
Pfeffer
Margarine für die Form
500 ml Milch (1/2 l)
1 gehäufter TL gekörnte Brühe
60 g Instant-Helle Mehlschwitze
2 EL saure Sahne
30 g geriebener Käse (45%)

1. Die Nudeln und das Öl in kochendes Salzwasser geben und 10 – 12 Min. kochen. Abgießen und abtropfen lassen.
2. Inzwischen die Tomaten mit kochendem Wasser überbrühen, abziehen und in Achtel schneiden.
3. Die Champignons putzen, waschen und in Scheiben schneiden. Den Schinken würfeln.
4. Das Öl erhitzen, die Champignons darin andünsten. Tomaten und Schinken hinzufügen und kurz mitdünsten. Petersilie, Salz und Pfeffer unterrühren.
5. Eine Auflaufform ausfetten. Die Hälfte der Nudeln hineingeben, das Gemüse darauf verteilen, mit den, in kaltem Wasser abschrecken, restlichen Nudeln bedecken.
6. Die Milch aufkochen, die gekörnte Brühe und die Instant-Mehlschwitze mit dem Schneebesen einrühren und 1 Min. kochen lassen. Die saure Sahne unterrühren und abschmecken.
7. Die Sauce über die Nudeln gießen, den Käse darüber streuen und den Auflauf im vorgeheizten Backofen backen.

Vorbereitungszeit: ca. 40 Min.
Backzeit: ca. 25 Min.
E-Herd: 200 – 225 °C/
G-Herd: Stufe 3 – 4
Pro Portion ca. 2537 kJ/604 kcal

Tortellini mit Brokkoli

500 g Brokkoli
Salz
250 g Tortellini
2 EL Butter oder Margarine
1 EL Mehl
250 g Schlagsahne
1 Prise Zucker
20 g Cashew-Nüsse

1. Den Brokkoli waschen, putzen und in kleine Röschen teilen. Die Stiele in 3 cm lange Stücke schneiden.
2. Den Brokkoli in kochendes Salzwasser geben und in 8 – 10 Min. garen. In ein Sieb gießen (das Kochwasser auffangen) und das Gemüse gut abtropfen lassen.
3. Die Tortellini inzwischen nach Packungsanweisung ebenfalls garen und gut abtropfen lassen.
4. Das Fett schmelzen, das Mehl dazugeben und andünsten. 125 ml (1/8l) Brokkoliwasser und die Schlagsahne angießen. Die Sauce mit einem Schneebesen glattrühren, dann 5 Min. leicht kochen lassen. Mit Salz und 1 Prise Zucker abschmecken.
5. Den Brokkoli und die Tortellini in die Sauce geben und erhitzen.
6. Die Tortellini anrichten, und die Cashew-Nüsse darüber streuen.

Vorbereitungszeit: ca. 10 Min.
Garzeit: ca. 15 Min.
Pro Portion ca. 2293 kJ/546 kcal

Bunte Schleifchennudeln

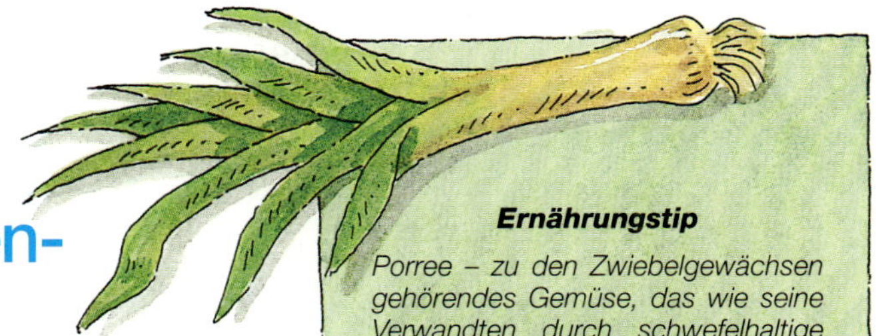

1 Bund Lauchzwiebeln
1 kleine Stange Porree
250 g kleine Tomaten
300 g Schleifchennudeln
1 EL Öl
Salz
30 g Butter oder Margarine
1 EL gehackte Petersilie

Ernährungstip

Porree – zu den Zwiebelgewächsen gehörendes Gemüse, das wie seine Verwandten durch schwefelhaltige Verbindungen ein besonders intensives Aroma hat. Daneben ist Porree bzw. Lauch reich an Vitaminen und Mineralstoffen. Verwenden lassen sich der in der Erde wachsende helle Schaft sowie die gelblichen und grünen Blätter.

1. Die Lauchzwiebeln und den Porree putzen, waschen und in Ringe schneiden.
2. Aus den Tomaten den Stengelansatz herausschneiden. Die Früchte kurz in kochendes Wasser legen, abschrecken und abziehen. Die Tomaten vierteln und jedes Stück nochmals halbieren.
3. Die Nudeln zusammen mit 1 EL Öl in kochendes Salzwasser geben und 6 – 8 Min. garen. Dann abgießen und abtropfen lassen.
4. In der Zwischenzeit das Fett schmelzen, und die Lauchzwiebeln und den Porree darin andünsten. Die Tomaten dazugeben, mit Salz würzen, und das Gemüse im geschlossenen Topf bei schwacher Hitze weitere 6 – 8 Min. dünsten.
5. Die Nudeln unter das Gemüse mischen und alles nochmals erhitzen.
6. Die Petersilie über die angerichteten Schleifchennudeln streuen.

Vorbereitungszeit: ca. 15 Min.
Garzeit: ca. 10 Min.
Pro Portion ca. 1667 kJ/397 kcal

Balkanpfanne

500 g Paprikaschoten
1 Peperoni
2 Zwiebeln
1 Knoblauchzehe
2 EL Öl
250 g Langkornreis
500 ml Brühe
200 g Fleischwurst mit Knoblauch, evtl. Salz

1. Die Paprikaschoten halbieren, entkernen, waschen und in Würfel schneiden. Die Peperoni ebenfalls würfeln.
2. Die Zwiebeln und die Knoblauchzehe schälen und in feine Würfel schneiden.
3. Das Öl in einer Pfanne erhitzen, Zwiebeln und Knoblauchzehe darin andünsten. Das Gemüse dazugeben und mitdünsten.
4. Den Reis in die Pfanne geben und mit andünsten. Die Brühe angießen. Die Pfanne schließen, und alles ca. 20 Min. garen.
5. Inzwischen die Fleischwurst in Würfel schneiden, unter den Gemüsereis heben und alles erhitzen.
6. Die Balkanpfanne evtl. mit Salz abschmecken.

Vorbereitungszeit: ca. 15 Min.
Garzeit: ca. 20 Min.
Pro Portion ca. 2108 kJ/502 kcal

Bunte Nudelpfanne

250 g Spätzle
2 l Wasser
Salz
1 Zwiebel
1 Stange Porree (200 g)
4 Brühwürstchen (400 g)
2 EL Öl
1 Dose Tomaten (Abtropfgewicht 240 g)
Salz
Pfeffer
Kräuter der Provence

1. Die Spätzle in kochendes Salzwasser geben und 10 – 12 Min. garen, abgießen und abtropfen lassen.
2. Inzwischen die Zwiebel schälen und würfeln. Den Porree putzen, waschen und in feine Ringe schneiden. Die Brühwürstchen in Scheiben schneiden.
3. Das Öl in einer Pfanne erhitzen. Die Zwiebel darin goldgelb dünsten. Den Porree dazugeben und mitdünsten. Die Würstchenscheiben untermischen und kurz anbraten. Zuletzt die Nudeln unterheben, und alles nochmals erhitzen.
4. Die Tomaten mit einem langen Messer in der Dose kleinschneiden, alles in einen Topf geben und 3 – 4 Min. einkochen lassen. Die Sauce mit Salz, Pfeffer und den Kräutern würzen. Über die Nudelpfanne geben.

Vorbereitungszeit: ca. 20 Min.
Garzeit: ca. 20 Min.
Pro Portion ca. 1545 kJ/367 kcal

Lustiger Nudeltoast

- 1 Zwiebel
- 100 g feine Salami
- 100 g gekochter Schinken
- 200 g gegarte Spaghetti (evtl. Reste)
- 10 gefüllte Oliven
- 2 EL Butter oder Margarine (20 g)
- 2 EL Tomatenmark
- Salz
- 1 Prise Knoblauchsalz
- Pfeffer aus der Mühle
- 1 TL Oregano
- 2 EL gehackte Petersilie
- 125 g geriebener Emmentaler-Käse
- 8 Scheiben Toastbrot
- Oliven und Tomatenketchup zum Garnieren

1. Die Zwiebel schälen und fein würfeln. Die Salami und den Schinken in kleine Würfel schneiden. Die Spaghetti grob hacken. Die Oliven fein hacken.
2. Das Fett in einer Pfanne erhitzen. Die Zwiebelwürfel darin andünsten. Salami, Schinken und Spaghetti dazugeben und mitdünsten.
3. Die Oliven, das Tomatenmark und die Gewürze unter die Nudeln mischen. Zuletzt die Petersilie und die Hälfte des Käses unterheben.
4. Die Toastbrotscheiben toasten, auf ein Backblech legen und die Nudelmasse darauf verteilen. Mit dem restlichen Käse bestreuen.
5. Die Toastscheiben unter dem vorgeheizten Grill 4 – 5 Min. überbacken.
6. Den Nudeltoast vor dem Servieren mit halbierten Oliven und Tomatenketchup nach Wunsch verzieren.

Vorbereitungszeit: ca. 20 Min.
Garzeit: ca. 10 Min.
Pro Portion ca. 2480 kJ/590 kcal

Ernährungstip

Oliven – die 2 bis 3 cm langen Früchte des Olivenbaumes, die sowohl als unreife, grüne Oliven als auch als schwarze, reife Oliven geerntet werden. Durch das Einlegen in Kochsalzlösung werden die Oliven entbittert und je nach Geschmack zur Würzung in verschiedenen Lösungen eingelegt. Entsteint und mit Paprika oder Mandeln gefüllt sind sie eine würzige Zutat. Allerdings enthalten Oliven sehr viel Fett und sind damit kalorienreich.

Spaghetti mit Hacksauce

Das brauchst Du für
4 Portionen:

2 Zwiebeln
1 Dose Tomaten (Abtropfgewicht 480 g)
1 Dose Mais (Abtropfgewicht 285 g)
2 EL Öl
250 g Rinderhack
1/2 TL Salz
1 Msp. Pfeffer
1 Msp. Knoblauchpulver
1/2 Becher Crème fraîche (75 g)
1 EL Öl
2 TL Salz
400 g Spaghetti

Das stellst Du bereit:
1 Küchenmesser
1 Küchenbrett
1 Dosenöffner
1 Sieb, 1 Eßlöffel
1 Bratenwender
1 flachen Kochtopf
1 großen Kochtopf
1 Litermaß
1 Kochlöffel

MEINE SEITE

1. Du fängst mit der Sauce an: Die Zwiebeln schälen, halbieren und in Würfel schneiden.

2. Die Dosen öffnen, den Mais zum Abtropfen auf ein Sieb geben.

3. Das Öl im flachen Kochtopf erhitzen (Stufe 3 oder 12).

4. Die Zwiebeln und das Hackfleisch hineingeben und anbraten (Stufe 2 oder 9). Häufig wenden.

5. Die Tomaten mit dem Saft und den Mais in den Topf geben. Umrühren. Aufkochen lassen.

6. Salz, Pfeffer und Knoblauchpulver unterrühren.

7. Die Sauce 15 Minuten köcheln lassen.

8. Jetzt 3 l Wasser, Öl und Salz in den großen Topf geben und zum Kochen bringen (Stufe 3 oder 12).

9. Die Spaghetti am Topfrand ins Wasser stellen (wenn sie weich werden, rutschen sie nach unten), umrühren und aufkochen.

10. Die Spaghetti 10 Minuten kochen (Stufe 2 oder 8). Nicht zudecken. Einmal umrühren. Die Spaghetti in ein Sieb gießen, abtropfen lassen.

11. Crème fraîche mit der Sauce verrühren.

12. Die Spaghetti in eine Schüssel füllen und die Sauce darüber gießen. Pro Portion ca. 3312 kJ/789 kcal

Rührei mit Zucchini und Paprika

- 2 Zucchini (400 g)
- 500 g rote Paprikaschoten
- 2 EL Öl
- 6 Eier
- 2 EL geriebener Käse
- Salz, Pfeffer
- 2 EL Margarine
- 4 Scheiben Vollkornbrot
- 2 EL Schnittlauchröllchen

1. Die Zucchini putzen, waschen und in kleine Würfel schneiden. Die Paprikaschoten halbieren, entkernen, waschen und ebenfalls würfeln.
2. Das Öl erhitzen und das Gemüse 5 – 6 Minuten darin dünsten, auf einem Sieb abtropfen und abkühlen lassen.
3. Die Eier mit dem Käse gut verrühren. Das Gemüse dazugeben, alles vermischen, und die Masse mit Salz und Pfeffer würzen.
4. Die Margarine in einer großen Pfanne erhitzen. Die Gemüse-Eier-Masse hineingeben und auf schwacher Hitze stocken lassen. Dabei immer wieder zusammenschieben, damit es flockig wird.
5. Das fertige Rührei auf den Brotscheiben anrichten, mit Schnittlauch bestreuen und sofort servieren.

Vorbereitungszeit: ca. 15 Min.
Garzeit: 10–12 Min.
Pro Portion ca. 936 kJ/223 kcal

Ernährungstip

Eier – der genießbare Anteil besteht aus dem Eiklar, auch Weißei oder Eiweiß genannt, und dem Eigelb, d.h. dem Eidotter. Der ernährungsphysiologische Wert der Eier liegt vor allem in dem Anteil an biologisch hochwertigem Eiweiß. Daneben sind Eier reich an Vitaminen und Mineralstoffen. Ein Durchschnittsei von 58 g (Gewichtsklasse 4) liefert 84 kcal (350 kJ).

Quarkomelett

Für 2 Portionen

- 100 g Magerquark
- 2 EL Schlagsahne
- 2 TL Zucker
- 1 EL Zitronensaft
- 2 Eier
- 1 EL Milch
- 1 Prise Salz
- 2 TL Butter oder Margarine

1. Den Magerquark mit der Schlagsahne, dem Zucker und dem Zitronensaft verrühren und mit einem Schneebesen cremig schlagen.
2. Die Eier mit Milch und Salz verschlagen.
3. Aus dem Teig nacheinander in einer kleinen Pfanne in heißem Fett 2 Omeletts backen.
4. Die Omeletts mit dem Quark füllen und sofort servieren.

Vorbereitungszeit: ca. 10 Min.
Garzeit: ca. 4 Min. je Pfanne
Pro Portion ca. 940 kJ/224 kcal

Eier in Dillsauce mit Gurkensalat

- 1 kg Kartoffeln
- Salz
- 8 Eier
- 2 P. Instant-Helle Sauce (je für 250 ml)
- 2 Bund Dill
- 3 EL Senf
- 1 Salatgurke
- 1 Becher Trinkmilch-Joghurt (150 g)
- 4 EL Fertigsalatsauce mit Kräutern ohne Öl

1. Die Kartoffeln waschen und mit einer Bürste gründlich säubern. In Salzwasser ca. 20 Min. garen. Dann abgießen und pellen.
2. Die Eier in ca. 10 Min. hartkochen. Mit kaltem Wasser abschrecken und pellen.
3. Inzwischen die Sauce nach Anleitung auf der Packung zubereiten.
4. Den Dill waschen, trockentupfen und hacken und zusammen mit dem Senf in die Sauce geben.
5. Die Gurke waschen und in Scheiben schneiden.
6. Den Joghurt mit der Salatsauce verrühren und evtl. mit etwas Salz abschmecken. Über die Gurkenscheiben geben.
7. Die Eier halbieren. In der Dillsauce anrichten. Die Kartoffeln und Gurken extra reichen.

Vorbereitungszeit: ca. 20 Min.
Garzeit: 20 – 30 Min.
Pro Portion ca. 1915 kJ/456 kcal

Ernährungstip

Gurken – extrem wasserreiche Nahrungsmittel: in 100 g sind rund 98 g Wasser versteckt. Darum Gurken nicht direkt mit Salz in Verbindung bringen, denn sie würden dann zu stark wässern. Gurken sind äußerst kalorienarm: eine Gurke von etwa 400 g liefert nur 50 kcal (200 kJ).

Pfannkuchen mit Spinatfüllung

200 g Mehl
200 ml Milch
175 ml Mineralwasser
2 Eier
500 g Blattspinat
2 Zwiebeln
2 Knoblauchzehen
2 EL Öl
400 g Tomaten
2 EL Sonnenblumenkerne
Pfeffer, Salz
60 g Butterschmalz
1 Ei, 1 Eigelb
3 EL Zitronensaft
1 Becher Crème fraîche (150 g)

1. Für den Pfannkuchenteil das Mehl mit der Milch, dem Mineralwasser, Salz und den Eiern verrühren. Den Teig 1/2 Stunde quellen lassen.
2. Den Spinat waschen und abtropfen lassen.
3. Die Zwiebeln und die Knoblauchzehen schälen und fein würfeln.
4. Das Öl erhitzen, Zwiebeln und Knoblauch darin andünsten. Den Spinat dazugeben und so lange dünsten, bis er zusammengefallen ist.
5. Die Tomaten waschen, achteln, zum Spinat geben und einige Minuten mitdünsten. Die Sonnenblumenkerne unterrühren und den Spinat mit Salz und Pfeffer würzen.
6. Aus dem Eierkuchenteig in heißem Butterschmalz nacheinander 6 Pfannkuchen backen.
7. Für die Sauce das Ei, das Eigelb und den Zitronensaft schaumig schlagen. Crème fraîche unterrühren.
8. Die Pfannkuchen mit dem Spinat füllen. Die Sauce dazu reichen.

Vorbereitungszeit: ca. 30 Min.
Garzeit: 5 Min. je Pfannkuchen
Pro Portion ca. 2768 kJ/659 kcal

Omelett mit Gemüsefüllung

- 2 Lauchzwiebeln
- 250 g Zucchini
- 4 Tomaten
- 100 g Champignons
- 50 g durchwachsener Speck
- 2 EL Öl
- Salz
- grober schwarzer Pfeffer
- 1/4 TL getrocknetes Basilikum
- 4 Eier
- 4 EL Mineralwasser
- 1/2 TL Salz
- 1/4 TL getrockneter Majoran
- 1 TL Schnittlauchröllchen
- 40 g Butter

1. Die Frühlingszwiebeln putzen und in Ringe schneiden. Die Zucchini putzen, waschen und würfeln.
2. Aus den Tomaten den Stengelansatz herausschneiden. Die Tomaten kurz in kochendes Wasser legen, kalt abspülen, häuten und entkernen. Das Fruchtfleisch in kleine Würfel schneiden.
3. Die Champignons gründlich waschen und bürsten. In Scheiben schneiden.
4. Den Speck klein würfeln und in heißem Öl auslassen. Das Gemüse dazugeben und 8 – 10 Min. dünsten. Mit Salz, Pfeffer und Basilikum würzen.
5. Für die Omeletts die Eier mit dem Mineralwasser, Salz, Pfeffer, Majoran und Schnittlauch verrühren.
6. In der heißen Butter nacheinander daraus 2 Omeletts backen.
7. Das Gemüse jeweils auf eine Hälfte der Omeletts geben. Die andere Hälfte darüber klappen.
8. Die Omeletts sofort servieren.

Vorbereitungszeit: ca. 20 Min.
Garzeit: 18 – 20 Min.
Pro Portion ca. 1331 kJ/317 kcal

Ernährungstip

Gemüse – in der gesunden Ernährung spielt Gemüse eine große Rolle: roh als Knabberei für Zwischendurch, als Rohkostsalat zubereitet oder schonend gegart. Da das Angebot an verschiedenen Gemüsesorten immer sehr groß ist, ist auch für jeden etwas dabei. Gemüse ist ein wichtiger Lieferant von lebensnotwendigen Vitaminen und Mineralstoffen und sättigt auf leckere und kalorienfreundliche Weise. Abgesehen von einigen Ausnahmen liefert eine Portion Gemüse von 200 g im Durchschnitt 50 kcal (200 kJ). Achten Sie beim Einkauf auf besonders frisches Gemüse und verarbeiten Sie es möglichst schonend (erst kurz vor dem Weiterverarbeiten zerkleinern, zerkleinertes Gemüse nicht in stehendem Wasser waschen, kurze Garzeiten bevorzugen, Warmhalten möglichst vermeiden). Auch sollte das Gemüse der Jahreszeit entsprechend eingekauft werden. Dann ist der Nährwertgehalt am günstigsten, und auch im Geschmack macht sich die Entscheidung bemerkbar. Frische Tomaten zur Weihnachtszeit sind nicht unbedingt sehr sinnvoll, da kann man auch auf Dosen zurückgreifen. Ansonsten ist natürlich frisches Gemüse zu bevorzugen.

Eierpfanne

- 600 g Kartoffeln
- 400 g Tomaten
- 800 g Zucchini
- 6 Eier
- Salz, Pfeffer, 4 EL Öl
- 1 P. TK-Schnittlauch

1. Die Kartoffeln gründlich waschen. In der Schale ca. 20 Min. kochen. Abgießen und pellen.
2. In der Zwischenzeit die Tomaten und Zucchini putzen, waschen und in Scheiben schneiden.
3. Die Kartoffeln ebenfalls in Scheiben schneiden.
4. Die Eier verschlagen, mit Salz und Pfeffer würzen.
5. In 2 Pfannen jeweils 2 EL Öl erhitzen. Tomaten, Zucchini und Kartoffeln darauf verteilen, leicht salzen und 3 – 5 Min. anbraten.
6. Je die Hälfte der Eimasse in die Pfannen gießen und auf schwacher Hitze stocken lassen.
7. Die fertigen Eierpfannen mit Schnittlauch bestreuen.

Vorbereitungszeit: ca. 20 Min.
Garzeit: ca. 30 Min.
Pro Portion ca. 1508 kJ/359 kcal

Omelett mit Bananen

Das brauchst Du für 1 Portion:

- 1 kleine Banane
- 1 EL Orangensaft
- 1 TL Puderzucker
- 2 Eier
- 1 EL Wasser
- 1/4 TL Salz
- 1 EL Butter
- 2 TL Zimtzucker

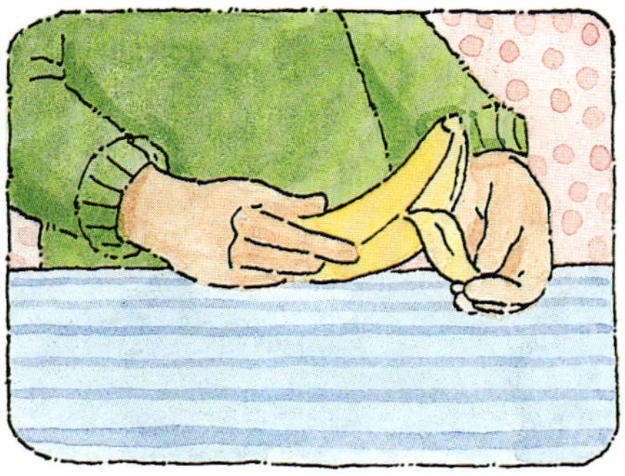

1. Für die Füllung die Banane schälen.

2. Die Banane in Scheiben schneiden, in eine Schüssel geben.

3. Orangensaft und Puderzucker dazugeben. Gut durchmischen.

4. Für das Omelett die Eier aufschlagen und in die zweite Schüssel gleiten lassen. Wasser und Salz dazugeben.

5. Die Eier mit dem Schneebesen verrühren, aber nicht schaumig schlagen.

6. Die Butter bei starker Hitze (Stufe 3 oder 12) schmelzen.

7. Die verschlagenen Eier in die Pfanne geben. Auf schwacher Hitze (Stufe 1 oder 4) backen.

8. Das Omelett ist fertig, wenn es unten hellbraun und obenauf trocken ist (nach ca. 5 Minuten).

9. Das Omelett auf einen Teller gleiten lassen.

10. Die Banane auf die eine Hälfte des Omeletts geben.

11. Die andere Hälfte des Omeletts darüber klappen.

12. Zimtzucker darüber streuen.
Pro Portion ca. 1613 kJ/384 kcal

Bunter Salatteller

50 g Feldsalat
1 kleiner Kopfsalat
1 kleine Salatgurke
5 Radieschen
3 Stangen Staudensellerie
1 große Zwiebel
3 EL Zitronensaft
Salz
1 TL Zucker
1 Prise Pfeffer
6 EL Öl

1. Den Feldsalat und den Kopfsalat putzen, waschen und abtropfen lassen. Den Kopfsalat in mundgerechte Stücke zupfen.
2. Die Salatgurke waschen, evtl. schälen, in Scheiben hobeln. Die Radieschen waschen und in Scheiben schneiden.
3. Die Stangensellerie putzen, waschen und ebenfalls in dünne Scheiben schneiden.
4. Die Zwiebel schälen und in sehr dünne Ringe schneiden.
5. Alle vorbereiteten Zutaten mischen und auf 4 große Teller gleichmäßig verteilen.
6. Die übrigen Zutaten mit einem Schneebesen gut verrühren.
7. Die Salatsauce abschmecken, über die Salatteller träufeln. Sofort servieren.

Zubereitungszeit: ca. 20 Min.
Pro Portion ca. 651 kJ/155 kcal

Sommer-Kartoffelsalat

500 g Kartoffeln
400 g Möhren
600 g Zucchini
4 EL Essig
1 TL Senf
1 Knoblauchzehe
Meersalz, 1 Msp. Pfeffer
6 EL kaltgepreßtes Öl (evtl. Walnußöl)
4 Stengel glatte Petersilie

Ernährungstip

Kartoffeln – spielen in unserer Ernährung eine große Rolle. Sie enthalten energieliefernde Kohlenhydrate in Form der Kartoffelstärke, hochwertiges pflanzliches Eiweiß und einen recht erheblichen Anteil an Vitamin C. Die Kartoffel selber ist kein Dickmacher. Vielmehr sind es die Verarbeitungsformen oder die kalorienreichen Beilagen. Garen Sie Kartoffeln in der Schale, also als Pellkartoffel. So bleiben Vitamine und Mineralstoffe weitgehend erhalten.

1. Die Kartoffeln waschen, in der Schale ca. 20 Min. kochen, abgießen und mit kaltem Wasser abspülen.
2. Die Kartoffeln pellen und abkühlen lassen.
3. Die Möhren schälen, waschen und in feine Stifte schneiden.
4. Die Zucchini waschen, der Länge nach halbieren und in Scheiben schneiden.
5. Die Kartoffeln in Scheiben schneiden, mit den Möhren und Zucchini mischen.
6. Essig und Senf verrühren. Die Knoblauchzehe schälen, durch die Knoblauchpresse drücken, dazugeben. Mit Meersalz und Pfeffer würzen. Das Öl mit einem Schneebesen unterrühren.
7. Die Sauce abschmecken und unter die Salatzutaten mischen.
8. Den Salat gut durchziehen lassen.
9. Die Petersilie waschen, mit Küchenkrepp trockentupfen und in kleine Blättchen zupfen.
10. Den angerichteten Salat damit garnieren.

Zubereitungszeit: ca. 25 Min.
(ohne Garzeit für die Kartoffeln)
Pro Portion ca. 748 kJ/178 kcal

Nudelsalat mit Bananen

Für 6 Portionen

- 300 g Nudeln
- 1 EL Öl, Salz
- 4 Bananen (600 g)
- 2 EL Zitronensaft
- 1/2 TL Currypulver
- 150 g Gouda
- 200 g gekochter Schinken
- 1 Dose Erbsen und Möhren (Abtropfgewicht 530 g)
- 2 Becher Trinkmilch-Joghurt (je 150 g)
- 2 EL Salatmayonnaise (50%)
- 1 EL TK-Dill
- Pfeffer, 1 Prise Zucker

1. Die Nudeln mit dem Öl in kochendes Salzwasser geben und 10 – 12 Min. kochen, abgießen, mit kaltem Wasser abspülen und gut abtropfen lassen.
2. Die Bananen schälen und in Scheiben schneiden. Sofort mit Zitronensaft beträufeln, mit Currypulver bestreuen und leicht mischen.
3. Den Käse in kleine Würfel und den Schinken in feine Streifen schneiden. Erbsen und Karotten abtropfen lassen und dabei die Flüssigkeit in einem Behälter auffangen.
4. Alle vorbereiteten Zutaten in einer großen Schüssel mischen.
5. Für die Salatsauce den Joghurt mit der Mayonnaise, 2 – 3 EL Gemüsewasser, dem Dill, Salz, Pfeffer und Zucker verrühren, über die Zutaten gießen und gut vermischen. Den Salat durchziehen lassen und vor dem Servieren nochmals abschmecken.

Vorbereitungszeit: ca. 20 Min.
Pro Portion ca. 2260 kJ/541 kcal

Fröhlicher Salat

1 kleiner Kopfsalat
1 kleine Salatgurke
1 Bund Radieschen
1 Dose Mais (Abtropfgewicht 285 g)
2 EL Zitronensaft
1 TL Honig
Meersalz
1 Prise Pfeffer
4 EL Sojaöl

1. Den Kopfsalat putzen, waschen, in mundgerechte Stücke zupfen und abtropfen lassen.
2. Die Gurke gründlich waschen, evtl. schälen und in Scheiben hobeln.
3. Die Radieschen putzen, waschen und in Scheiben schneiden. Den Mais abgießen und abtropfen lassen.
4. Auf einem großen Teller den Kopfsalat, die Gurken- und Radieschenscheiben ringförmig anrichten. Den Mais in die Mitte geben.
5. Den Zitronensaft mit Honig, 1 Prise Meersalz und 1 Prise Pfeffer verrühren. Das Öl mit einem Schneebesen unterrühren, abschmecken.
6. Die Sauce über die Salatzutaten träufeln und sofort servieren.

Zubereitungszeit: ca. 20 Min.
Pro Portion ca. 752 kJ/179 kcal

Fränkischer Grünkern-Topf

150 g Zwiebeln	
250 g Kartoffeln	
20 g Butter	
1 l Instant-Gemüsebrühe	
1 Lorbeerblatt	
Salz, Pfeffer	
100 g Grünkernschrot	
2 Bund Petersilie	

1. Die Zwiebeln schälen und würfeln. Die Kartoffeln ebenfalls schälen, waschen und in Würfel schneiden.
2. Die Butter erhitzen und die Zwiebeln und die Kartoffeln darin andünsten.
3. Die Brühe angießen, das Lorbeerblatt dazugeben und mit Salz und Pfeffer würzen.
4. Den Grünkernschrot unterrühren. Die Suppe auf schwacher Hitze ca. 40 Min. kochen.
5. Die Petersilie waschen, trockentupfen, hacken. In die Suppe geben.

Vorbereitungszeit: ca. 20 Min.
Garzeit: ca. 45 Min.
Pro Portion ca. 810 kJ/193kcal

Wirsing-Nudel-Eintopf

Für 2 Portionen

- 250 g Wirsing
- 200 g Möhren
- 1 Zwiebel, 1 Knoblauchzehe
- 2 EL Keimöl
- 1 l Instant-Fleischbrühe
- 80 g Vollkornnudeln
- 1 dicke Scheibe gekochter Schinken (100 g)
- 2 EL gehackte Petersilie
- Muskatnuß, Pfeffer, Salz
- 2 EL geröstete Pinienkerne

Ernährungstip

Pinienkerne – die auch als Piniennüsse oder Pineolen bezeichneten eßbaren Ölsamen wachsen an der im Mittelmeerraum heimischen Pinie. Die harte Samenschale muß zunächst entfernt werden, dann gelangen die weißen, stiftförmigen Samenkerne in den Handel. Diese schmecken ähnlich wie Mandeln, sind jedoch etwas milder und feiner. Geröstet sind sie noch aromatischer.

1. Den Wirsing putzen, die Möhren schälen, beides waschen und in Streifen schneiden.
2. Die Zwiebel und die Knoblauchzehe schälen. Die Zwiebel würfeln. Den Knoblauch zerdrücken.
3. Das Keimöl erhitzen. Zwiebel und Knoblauch darin andünsten. Das Gemüse dazugeben und mitdünsten.
4. Die Brühe angießen, zum Kochen bringen und die Nudeln einstreuen.
5. Den Eintopf bei schwacher Hitze ca. 15 Min. garen.
6. Inzwischen den Schinken in Würfel schneiden. Kurz vor Ende der Garzeit unter den Eintopf mischen.
7. Petersilie und geriebene Muskatnuß unterrühren und den Eintopf evtl. mit Salz und Pfeffer würzen.
8. Die Pinienkerne über den angerichteten Eintopf streuen.

Vorbereitungszeit: ca. 20 Min.
Garzeit: ca. 20 Min.
Pro Portion ca. 2165 kJ/515 kcal

Pfannkuchen mit Sprossen

150 g Weizenvollkornmehl
250 ml Milch (1/4 l)
1 Prise Muskat
4 Eier
2 rote Paprikaschoten (300 g)
5 Lauchzwiebeln
200 g Sojasprossen
20 g Butter oder Margarine
1/2 TL Honig
Kreuzkümmel, Meersalz
2 EL Sojasauce
Kokosfett zum Braten
40 g geriebener Käse

1. Das Vollkornmehl mit der Milch, Meersalz, 1 Prise Muskat und den Eiern zu einem glatten Teig verrühren. Etwa 20 Min. ausquellen lassen.
2. Die Paprikaschoten halbieren, entkernen, waschen und in feine Streifen schneiden. Die Lauchzwiebeln putzen, waschen, in Ringe schneiden. Die Sojasprossen waschen und abtropfen lassen.
3. Das Fett erhitzen, die Lauchzwiebeln darin andünsten. Den Paprika und die Sojasprossen dazugeben, untermischen und im geschlossenen Topf auf schwacher Hitze ca. 10 Min. dünsten. Mit Honig, Meersalz, Kreuzkümmel, Sojasauce abschmecken.
4. Aus dem Teig in heißem Kokosfett 4 große Pfannkuchen backen. Das Gemüse darauf verteilen. Vor dem Servieren mit Käse bestreuen.

Vorbereitungszeit: ca. 30 Min.
Garzeit: Gemüse ca. 10 Min./
Je Pfannkuchen 5 Min.
Pro Portion ca. 1370 kJ/326 kcal

Buchweizenpfannkuchen

250 g Buchweizenmehl
4 Eier, 3 EL Sojaöl
250 ml Buttermilch (1/4 l)
1 TL Vollmeersalz, Öl
250 ml Crème fraîche
1 Glas entsteinte Pflaumen (Abtropfgewicht 460 g)
2 EL Puderzucker

1. Das Buchweizenmehl in eine Schüssel geben. Die Eier, das Öl, die Buttermilch, das Salz dazugeben und alles zu einem glatten Teig verrühren.
2. Den Pfannkuchenteig ca. 30 Min. ausquellen lassen.
3. Nacheinander in heißem Öl in jeweils 5 Min. 8 Pfannkuchen backen.
4. Zuerst 4 Pfannkuchen mit Crème fraîche bestreichen und mit abgetropften Pflaumen belegen. Je 1 Pfannkuchen darüber legen.
5. Den Puderzucker darüber stäuben und sofort servieren.

Vorbereitungszeit: ca. 15 Min.
Garzeit: ca. 5 Min. je Pfannkuchen
Pro Portion ca. 3637 kJ/866 kcal

Marillenknödel mit Fruchtsauce

250 g Speisequark (20%)
75 g Weizenvollkornmehl
1 Ei, 1 Eigelb
1 Prise Meersalz
40 g weiche Butter oder Margarine
40 g Vollkornsemmelbrösel
8 kleine Marillen (Aprikosen)
2 EL milder Honig
etwas echte Vanille (Reformhaus)
Meersalz
300 g Beeren (Himbeeren, Johannisbeeren oder Blaubeeren)
2 EL Honig
1 Msp. echte Vanille
40 g Vollkornsemmelbrösel
40 g Butter oder Margarine
1 EL milder Honig

1. Den Quark in eine Schüssel geben. Das Vollkornmehl, das Ei, das Eigelb, 1 Prise Meersalz, das Fett und die Semmelbrösel darauf geben und alles zu einem glatten Teig verkneten.
2. Den Teig abdecken und im Kühlschrank 30 Min. ruhen lassen.
3. Inzwischen die Marillen waschen, entkernen. Mit etwas Honig und 1 Msp. Vanille füllen.
4. Etwa 3 l Wasser mit 1 TL Meersalz zum Kochen bringen.
5. Aus dem Teig eine dicke Rolle formen und in 8 Scheiben schneiden. Auf jede Scheibe eine Marille legen. Zu einem Knödel formen.
6. Die Knödel in das kochende Salzwasser legen. Auf schwacher Hitze im offenen Topf 15 – 20 Min. gar ziehen lassen.
7. Die Beeren waschen, einige zurückstellen. Den Rest pürieren und mit 2 EL Honig und Vanille abschmecken.
8. Die Semmelbrösel in einer trockenen Pfanne goldgelb rösten, auf einen Teller geben.
9. Die Knödel abtropfen lassen. Die Butter in der Pfanne erhitzen. Die Knödel darin schwenken. Anschließend die Knödel in den Semmelbröseln wenden.
10. Das Beerenpüree auf 4 Teller verteilen. Die Knödel hineingeben und mit 1 EL Honig beträufeln. Die ganzen Beeren in die Sauce geben.

Vorbereitungszeit: ca. 35 Min.
Garzeit: 15 – 20 Min.
Pro Portion ca. 1873 kJ/446 kcal

Rotkohlsalat mit Sesam

1 kleiner Kopf Rotkohl (ca. 300 g)
1 Zwiebel
4 EL kaltgepreßtes Sonnenblumenöl
2 EL Weinessig
Meersalz
1 Prise Zucker
evtl. Pfeffer
2 EL Sesamsamen
125 g Tofu

1. Den Rotkohl putzen, vierteln und in sehr feine Streifen schneiden oder hobeln. Mit einem Stampfer etwas weich stampfen.
2. Die Zwiebel fein würfeln, mit dem Öl, dem Essig, Meersalz, Zucker und evtl. Pfeffer verrühren.
3. Die Salatsauce mit dem Rotkohl mischen und ca. 30 Min. durchziehen lassen.
4. Den Sesamsamen in einer Pfanne kurz rösten. Den Tofu zerbröseln und beides mit dem Rotkohlsalat mischen.

Zubereitungszeit: ca. 20 Min.
Pro Portion ca. 1075 kJ/256 kcal

Kerniger Haferflockenauflauf

250 g säuerliche Äpfel
125 g Vollkorn-Haferflocken
20 g Speisestärke
1 TL Backpulver
75 g weiche Butter oder Margarine
3 Eier, getrennt
100 g Honig
100 ml Milch
Butter für die Form
1 Apfel

1. Die Äpfel schälen, entkernen und in Scheiben schneiden.
2. Die Haferflocken mit der Speisestärke und dem Backpulver mischen. Das Fett, die Eigelb, den Honig und die Milch dazugeben. Alles mit dem Schneebesen des Handrührgerätes etwa 2 Min. gut verrühren. Die Äpfel unterheben.
3. Die Eiweiß zu steifem Schnee schlagen und unter den Teig heben.
4. Eine Auflaufform mit Butter ausfetten. Den Teig einfüllen.
5. Den Apfel schälen, mit dem Apfelausstecher entkernen, in Ringe schneiden. Den Auflauf belegen.
6. Im vorgeheizten Backofen ca. 45 Min. backen.

Vorbereitungszeit: ca. 20 Min.
Garzeit: ca. 45 Min.
Pro Portion ca. 2120 kJ/505 kcal

Karottenfrischkost mit Tofusauce

50 g Rosinen
250 g Möhren
50 g Walnüsse
125 g Tofu
3 EL Schlagsahne
1 TL Honig
2 EL Zitronensaft
1 Prise Ingwerpulver

1. Die Rosinen in warmem Wasser einweichen.
2. Die Möhren schälen, waschen und mittelfein reiben. Die Walnüsse hacken.
3. Den Tofu mit der Schlagsahne, dem Honig, dem Zitronensaft und 1 Prise Ingwerpulver gut verrühren.
4. Die Möhren, die Walnüsse und die abgetropften Rosinen unterheben. Kurz durchziehen lassen.

Zubereitungszeit: ca. 15 Min.
Pro Portion ca. 903 kJ/215 kcal

Ernährungstip

Tofu – ein aus der Sojabohne hergestelltes, quarkähnliches, eiweißreiches Erzeugnis. Da der Geschmack relativ neutral ist, kann Tofu für pikante und süße Gerichte verwendet werden. Wichtig ist das richtige Würzen.

Roggenkörnersalat mit Tofuwürfeln

- 180 g Roggenkörner
- 4 EL kaltgepreßtes Sonnenblumenöl
- 2 EL Zitronensaft, Meersalz
- evtl. Pfeffer aus der Mühle
- 1/2 TL Apfelsaftkonzentrat (Reformhaus)
- 2 – 3 EL Wasser
- 125 g Tofu
- 1 kleine Stange Lauch (100 g)
- 1 Bund Radieschen
- 1 Bund Schnittlauch

1. Die Roggenkörner einige Stunden einweichen. Dann im Einweichwasser ca. 40 Min. kochen, abgießen und abkühlen lassen.
2. Das Öl mit dem Zitronensaft, den Gewürzen, dem Apfelsaftkonzentrat und dem Wasser verrühren.
3. Den Tofu in kleine Würfel schneiden, mit der Salatsauce mischen und ca. 30 Min. durchziehen lassen.
4. Den Lauch putzen, waschen und in feine Ringe schneiden. Die Radieschen putzen, waschen und in dünne Scheiben schneiden.
5. Das Gemüse und die Roggenkörner mit den Tofuwürfeln mischen. Evtl. nachwürzen.
6. Den Schnittlauch waschen, trockentupfen und mit der Schere in Röllchen schneiden. Über den Salat streuen.

Vorbereitungszeit: ca. 25 Min.
Garzeit: ca. 40 Min.
Pro Portion ca. 1260 kJ/300 kcal

Zucchinipfannkuchen

- 120 g Weizenvollkornmehl
- 125 ml Flüssigkeit (halb Milch, halb Schlagsahne)
- 2 Eier
- Meersalz, evtl. weißer Pfeffer
- 2 EL Sonnenblumenkerne
- 3 mittelgroße Zucchini (600 g)
- Kokosfett zum Backen

1. Das Vollkornmehl in eine Schüssel geben. Die Flüssigkeit, die Eier und die Gewürze hinzufügen und alles gut verrühren, kurz ausquellen lassen.
2. Die Sonnenblumenkerne in einer trockenen Pfanne rösten, abkühlen lassen.
3. Die Zucchini waschen, fein raspeln und zusammen mit den Sonnenblumenkernen in den Eierkuchenteig geben.
4. Aus dem Teig in heißem Kokosfett 8 kleine Pfannkuchen goldbraun backen.

Vorbereitungszeit: ca. 20 Min.
Garzeit: 5 – 6 Min. je Pfannkuchen
Pro Portion ca. 1302 kJ/310 kcal

Milchsuppe mit Johannisbeeren

- 80 g feine Gerstengraupen
- 1 l Milch
- Schale 1 unbehandelten Zitrone
- 2 EL Honig
- 1 Msp. Naturvanille
- 100 g Schlagsahne
- 2 EL grob gehackte Haselnüsse
- 200 g abgezupfte rote Johannisbeeren

1. Die Graupen einige Stunden in Wasser einweichen.
2. Das Wasser abgießen. Die Graupen in einen Topf geben. Die Milch und die Zitronenschale dazugeben, zum Kochen bringen und bei schwacher Hitze 20 – 30 Min. garen. Abkühlen lassen.
3. Die kalte Suppe mit Honig und Vanille, am besten mit dem Mark einer Vanilleschote, abschmecken.
4. Die Schlagsahne leicht anschlagen, in die Suppe rühren und kalt stellen.
5. Sollte die Suppe zu dick geworden sein, noch etwas Milch dazugeben.
6. Die Haselnüsse und die Johannisbeeren in die angerichtete Suppe geben.

Vorbereitungszeit: ca. 10 Min.
Garzeit: 20 – 30 Min.
Pro Portion ca. 1470 kJ/350 kcal

Aprikosenknödel

16 Aprikosen (ca. 750 g)
8 Stück Würfelzucker
500 g gekochte Kartoffeln
40 g Grieß, 50 g Mehl
2 Eigelb
30 g weiche Margarine
Salz
100 g Weißbrotbrösel
100 g Butter oder Margarine
3 EL Zimtzucker

1. Die Aprikosen waschen, entkernen und den Kern durch ein halbes Stück Würfelzucker ersetzen.
2. Die Kartoffeln fein reiben. Den Grieß, das Mehl, die Eigelb, die Margarine und etwas Salz dazugeben. Alles mit den Knethaken des Handrührgerätes gut verkneten.
3. Aus dem Teig eine dicke Rolle formen und in 16 Scheiben schneiden. Je 1 Aprikose darauf legen und zu einem Kloß formen.
4. Die Knödel in kochendes Salzwasser geben. Auf schwacher Hitze 8 – 10 Min. ziehen lassen. (Die Knödel sind gar, wenn sie sich zu drehen beginnen.)
5. Inzwischen die Weißbrotbrösel in dem heißen Fett goldbraun rösten.
6. Die Knödel abtropfen lassen, in den Bröseln wenden und mit Zimtzucker bestreuen.

Vorbereitungszeit: ca. 30 Min.
Garzeit: 8 – 10 Min.
Pro Portion ca. 2982 kJ/710 kcal

Ernährungstip

Aprikosen – auch Marillen genannt – stammen ursprünglich aus China. Die vitamin- und fruchtsäurehaltigen Steinfrüchte wachsen am besten in der Sonne südlicher Länder, z.B. in Kalifornien und den Mittelmeerländern. Da reife Früchte nur kurze Zeit haltbar sind, werden sie meist unreif geerntet, um während der Transportzeit nachzureifen. Eine mittelgroße Aprikose von 50 g liefert 25 kcal (115 kJ). Aprikosen sind also eine kalorienarme und gesunde Nascherei für Zwischendurch oder aber Bestandteil diverser Gerichte. Aprikosenknödel – oder wie die Österreicher sagen „Marillenknödel“ – sind sowohl eine komplette Mittagsmahlzeit als auch eine sättigende Zwischen- bzw. Abendmahlzeit.

Gefüllte Buchteln mit Vanillesauce

500 g Mehl
60 g Zucker
1/2 TL Salz
etwas abgeriebene Zitronenschale
40 g Hefe
250 ml lauwarme Milch (1/4 l)
80 g Margarine
2 EL Zitronensaft
1 Ei
500 ml Milch (1/2 l)
2 EL Zucker
1 P. Saucenpulver
Margarine für die Form
15 Kirschen aus dem Glas

1. Das Mehl in eine Schüssel geben und mit dem Zucker, Salz und der Zitronenschale mischen.
2. Die Hefe in die lauwarme Milch bröckeln, gut verrühren und 5 Min. gehen lassen.
3. Die Margarine schmelzen, nicht heiß werden lassen.
4. Die Hefe, die Margarine, den Zitronensaft und das Ei zum Mehl geben und alles mit den Knethaken des Handrührgerätes zu einem glatten, geschmeidigen Teig verkneten.
5. Den Teig mit Folie abdecken. An einem warmen Ort bis zur doppelten Größe aufgehen lassen.
6. In der Zwischenzeit die Vanillesauce zubereiten. Von der Milch 2 EL voll abnehmen. Den Rest mit dem Zucker zum Kochen bringen. Das Saucenpulver mit der kalten Milch anrühren. In die Milch rühren und die Sauce kurz aufkochen. Abkühlen lassen.
7. Den Hefeteig noch einmal durchkneten. 2 dicke Teigrollen daraus formen, in 15 dicke Scheiben schneiden.
8. Eine flache Auflaufform mit Margarine ausfetten.

9. Eine Kirsche auf jede Teigscheibe legen. Klöße formen und in die Form setzen.
10. Nochmals ca. 15 Min. aufgehen lassen.
11. Die Buchteln im vorgeheizten Backofen ca. 30 Min. backen.
12. Mit der Vanillesauce servieren.

Vorbereitungszeit: ca. 40 Min.
Garzeit: ca. 30 Min.
E-Herd: 175 – 200 °C/G-Herd: Stufe 2 – 3
Pro Portion ca. 3727 kJ/888 kcal

Bratäpfel

4 mittelgroße Äpfel (am besten Boskop)
2 EL Rosinen
3 EL Orangensaft
2 EL grobgehackte Haselnüsse
1 Prise Zimt
2 EL Honig
Butter für die Form

1. Äpfel waschen. Das Kerngehäuse mit einem Apfelausstecher ausstechen.
2. Die Rosinen in Orangensaft kurz einweichen, dann abtropfen lassen.
3. Die Nüsse mit Zimt, dem Honig und den Rosinen mischen.
4. Eine flache Auflaufform mit Butter ausfetten. Die Äpfel in die Form setzen und füllen.
5. Im vorgeheizten Backofen ca. 30 Min. backen. Dazu evtl. eine Vanillesauce reichen.

Vorbereitungszeit: ca. 10 Min.
Garzeit: ca. 30 Min.
E-Herd: 180 °C/G-Herd: Stufe 2
Pro Portion ca. 714 kJ/170 kcal

Ernährungstip

Äpfel – gehören bei uns zu den meistverzehrten Obstsorten. Die Beliebtheit resultiert sicherlich aus der großen geschmacklichen Vielfalt. Eine wichtige inländische Sorte ist der Boskop mit einem besonders hohen Gehalt an Vitamin C.

Apfel-Nuß-Auflauf

400 g Äpfel
2 EL Zitronensaft
1/2 TL gemahlener Zimt
1 EL Honig
3 EL Wasser
Butter für die Form
4 Eier, getrennt
3 EL Honig
80 g gemahlene Haselnüsse

1. Die Äpfel schälen, vierteln, das Kernhaus entfernen. Die Äpfel in dünne Scheiben schneiden.
2. Apfelscheiben, Zitronensaft, Zimt,

1 EL Honig und Wasser in einem Topf mischen. Etwa 5 Min. dünsten, auf einem Sieb abtropfen lassen.
3. Eine Auflaufform mit Butter ausfetten. Die Äpfel hineingeben.
4. Die Eier trennen. Die Eigelb mit dem Honig dickschaumig rühren. Die Nüsse unterheben.
5. Das Eiweiß zu steifem Schnee schlagen und unter die Schaummasse heben. Den Teig auf die Äpfel geben und glattstreichen.
6. Den Auflauf im vorgeheizten Backofen ca. 20 Min. backen.
7. Wer gerne etwas mehr Äpfel möchte, schiebt gleichzeitig Bratäpfel mit in den Backofen. Da die Garzeit etwas länger ist, stellt man sie 10 Min. vor dem Auflauf in den Ofen.

Vorbereitungszeit: ca. 20 Min.
Garzeit: ca. 25 Min.,
E-Herd: 180 °C/G-Herd: Stufe 2
Pro Portion ca. 1470 kJ/350 kcal

Kaiserschmarren

4 Eier, getrennt
30 g Zucker
1 Prise Salz
1 P. Vanillinzucker
125 g Mehl
400 ml Milch
50 g Rosinen
ca. 60 g Margarine oder Butter
20 g Puderzucker zum Bestäuben

1. Die Eier trennen und das Eigelb mit Zucker, 1 Prise Salz und Vanillinzucker mit dem Schneebesen so lange aufschlagen, bis die Masse hellgelb und cremig ist.
2. Das Mehl abwechselnd mit der Milch unterrühren. Die Rosinen dazugeben.
3. Das Eiweiß zu steifem Schnee schlagen und unter den Teig heben.
4. Ein Viertel des Fettes in einer Pfanne erhitzen. Ein Viertel des Teiges einfüllen. Auf schwacher Hitze so lange backen, bis die Unterseite leicht gebräunt ist.
5. Den Schmarren wenden, mit 2 Gabeln in Stücke reißen. Weiterbraten bis die Stücke gebräunt sind, warm stellen.
6. Aus dem restlichen Teig weitere 3 Schmarren backen.
7. Vor dem Servieren mit Puderzucker bestäuben.

Vorbereitungszeit: ca. 10 Min.
Garzeit: ca. 8 Min. je Schmarren
Pro Portion ca. 2045 kJ/486 kcal

Quarkgrießauflauf

500 ml Milch (1/2 l)
1 Prise Salz
40 g Grieß
250 g Magerquark
3 Eier, getrennt
40 g Butter oder Margarine
60 g Zucker
abgeriebene Schale 1/2 Zitrone
1 EL Zitronensaft
Fett für die Form
20 g gemahlene Mandeln
20 g Butter für Flöckchen
1 Dose Fruchtcocktail (Fruchteinwaage 280 g)

1. Die Milch mit dem Salz zum Kochen bringen. Den Grieß einstreuen und unter ständigem Rühren ca. 5 Min. bei schwacher Hitze ausquellen lassen. Dann abkühlen lassen.
2. Den Quark in eine Schüssel geben, die Eigelb, das Fett, den Zucker, die Zitronenschale und den Zitronensaft dazugeben. Mit den Schneebesen des Handrührgerätes gut verrühren. Den Grießbrei unterrühren.
3. Eine Auflaufform ausfetten.
4. Die Eiweiß zu steifem Schnee schlagen und unter die Quarkmasse heben.
5. Die Masse in die Auflaufform füllen. Die Mandeln darüber streuen, und die Butter als Flöckchen darauf setzen.
6. Den Auflauf im vorgeheizten Backofen 50 – 60 Min. backen.
7. Den Fruchtcocktail zum Auflauf servieren.

Vorbereitungszeit: ca. 20 Min.
Garzeit: 55 – 65 Min.
E-Herd: 200 °C/G-Herd: Stufe 3
Pro Portion ca. 2200 kJ/524 kcal

Bananen-Küechli

75 g Mehl, 1/4 TL Salz
1 Ei, getrennt
4 EL Wasser, 1 EL Öl
4 Bananen (600 g)
etwas Zitronensaft
Pflanzenfett zum Fritieren
Mehl zum Wenden
Puderzucker zum Bestäuben

1. Das Mehl, Salz, das Eigelb, Wasser und das Öl in eine Schüssel geben. Alles zu einem glatten Teig verrühren. Die Masse etwa 30 Min. ausquellen lassen.
2. Inzwischen die Bananen schälen, in 2 cm lange Stücke schneiden und mit etwas Zitronensaft beträufeln.
3. Das Pflanzenfett in einem hohen Topf oder einer Friteuse auf 180 °C erhitzen.
4. Das Eiweiß zu steifem Schnee schlagen, unter den Teig heben.
5. Die Bananenstücke mit Küchenpapier trockentupfen, nacheinander in wenig Mehl und im Teig wenden.
6. In heißem Fett schwimmend in 2 – 3 Min. goldbraun fritieren. Auf Küchenpapier abtropfen lassen.
7. Die Bananen-Küechli noch warm mit Puderzucker bestäuben.
Ergibt ca. 24 Stück.

Vorbereitungszeit: ca. 25 Min.
Garzeit: 2 – 3 Min. je Einlage
Pro Portion ca. 2371 kJ/564 kcal

Kirschenmichel

6 alte Brötchen

ca. 200 ml Milch

300 g frische Kirschen oder aus dem Glas

100 g Margarine

100 g Zucker

3 Eier, getrennt

abgeriebene Schale 1/2 unbehandelten Zitrone

1 Msp. Zimt

50 g gemahlene Haselnüsse

125 g saure Sahne

Margarine für die Form

Puderzucker zum Bestäuben

1. Von den Brötchen die Rinde abschneiden. Die Brötchen in Würfel schneiden, in der Milch einweichen.
2. Kirschen waschen, entsteinen.
3. Margarine mit Zucker und den Eigelb schaumig rühren. Zitronenschale, Zimt und Nüsse unterrühren.
4. Die Brötchen ausdrücken, zusammen mit der sauren Sahne dazugeben und untermischen.
5. Die Eiweiß zu steifem Schnee schlagen und unter den Teig heben.
6. Eine Auflaufform mit Margarine ausfetten. Die Hälfte des Teiges einfüllen, die Kirschen darauf verteilen. Mit dem restlichen Teig bedecken.
7. Den Auflauf im vorgeheizten Backofen ca. 40 Min. backen.
8. Puderzucker darüber stäuben.

Vorbereitungszeit: ca. 25 Min.
Garzeit: ca. 40 Min.:
E-Herd: 175 – 200 °C/
G-Herd: Stufe 2 – 3
Pro Portion ca. 2516 kJ/599 kcal

Quark-Aprikosen-Auflauf

1 Dose Aprikosen (Abtropfgewicht 460 g)

500 g Magerquark

50 g Butter oder Margarine

100 g Zucker

3 Eier, getrennt

1 P. Vanillinzucker

Saft und Schale 1 unbehandelten Zitrone

75 g Speisestärke

Fett für die Form

40 g blättrige Mandeln

20 g Butter oder Margarine

Schneller Milchreis mit heißen Kirschen

1 Glas entsteinte Sauerkirschen (Abtropfgewicht 460 g)

1 EL Speisestärke (15 g)

2 EL Zucker (30 g)

2 Becher Fertig-Milchreis natur (je 200 g)

1. Die Sauerkirschen abgießen, den Saft auffangen, abtropfen lassen.
2. 250 ml Kirschsaft (1/4 l) abmessen. 2 EL davon abnehmen und die Speisestärke damit anrühren.
3. Den restlichen Saft mit dem Zucker verrühren und zum Kochen bringen. Die angerührte Speisestärke hineingeben und unter Rühren aufkochen lassen.
4. Die Kirschen dazugeben und darin erhitzen.
5. Den Milchreis auf 4 Teller verteilen. Die heißen Kirschen dazu servieren.

Zubereitungszeit: ca. 10 Min.
Pro Portion ca. 1020 kJ/243 kcal

1. Die Aprikosen zum Abtropfen auf ein Sieb geben.
2. Den Magerquark in eine Schüssel geben. Weiche Butter oder Margarine, den Zucker, die Eigelb, Vanillinzucker, Zitronensaft und -schale und die Speisestärke darauf geben. Alles mit den Schneebesen des Handrührgerätes gut verrühren.
3. Die Eiweiß zu steifem Schnee schlagen, unter die Quarkmasse heben.
4. Eine Auflaufform ausfetten. Die Hälfte der Quarkmasse einfüllen, die Aprikosen darauf verteilen und den restlichen Quark darauf geben.
5. Die Mandeln darüber streuen und das Fett als Flöckchen darauf setzen.
6. Den Auflauf im vorgeheizten Backofen ca. 50 Min. backen.

Vorbereitungszeit: ca. 15 Min.
Garzeit: ca. 50 Min.
E-Herd: 200 °C/G-Herd: Stufe 3
Pro Portion ca. 2625 kJ/625 kcal

Korinthen-schmarren

- 125 g Mehl, 40 g Zucker
- 150 ml Milch
- 4 Eier, getrennt
- 1 Prise Salz
- etwas abgeriebene Zitronenschale
- 50 g Korinthen
- Butter zum Braten (ca. 50 g)
- 1 EL Puderzucker zum Bestäuben
- 1 Glas Pflaumen ohne Stein (Abtropfgewicht 260 g)

1. Das Mehl und den Zucker in eine Schüssel geben. Die Milch, die Eigelb, Salz und Zitronenschale hinzufügen und alles zu einem glatten Teig verrühren.
2. Die Korinthen waschen, trockentupfen und unterrühren.
3. Die Eiweiß zu steifem Schnee schlagen und unterheben.
4. Butter in einer Pfanne erhitzen, die Hälfte des Teiges hineingeben und auf der Unterseite goldbraun backen, dann wenden.
5. Nach etwa 1 Min. den Schmarren mit einer Gabel in Stücke reißen. Weiterbacken bis alle Stücke goldbraun sind.
6. Den übrigen Teig ebenso backen.
7. Den Korinthenschmarren anrichten und mit Puderzucker bestäuben. Mit den abgetropften Pflaumen servieren.

Vorbereitungszeit: ca. 15 Min.
Garzeit: 8 – 10 Min. je Pfanne
Pro Portion ca. 2000 kJ/476 kcal

Crêpes mit Kiwisauce

250 g Schlagsahne
100 g Mehl
3 Kiwis
2 EL Puderzucker
2 Eier
2 EL zerlassene Butter
2 EL Zucker
1 Prise Salz
40 g Butter oder Margarine zum Braten
1 EL Puderzucker zum Bestäuben

Ernährungstip

Kiwi – auch chinesische Stachelbeere genannt – ist eine besonders vitamin-C-reiche Frucht. Damit möglichst wenig Vitamin C verlorengeht, sollten Kiwis möglichst roh verzehrt werden. Allerdings ist bei der Zubereitung darauf zu achten, daß Kiwis nicht mit Milch oder Milchprodukten in Verbindung kommen. Kiwis enthalten einen Stoff, d.h. ein Enzym, das Inhaltsstoffe der Milch zu bitter schmeckenden Substanzen umwandelt. Kinder löffeln gerne das saftige, leicht säuerliche Fruchtfleisch halbierter Kiwis. Obstsalate und viele andere Speisen erhalten durch Kiwis den letzten optischen Pfiff.

1. Die Schlagsahne und das Mehl gut verrühren, und den Teig 10 Min. ausquellen lassen.
2. In der Zwischenzeit die Kiwis schälen, vierteln und zusammen mit dem Zucker mit dem Pürierstab leicht pürieren.
3. Den Teig mit den Eiern, zerlassener Butter, Zucker und Salz verrühren.
4. In heißem Fett nacheinander 8 dünne Crêpes daraus backen, warm stellen.
5. Die fertigen Crêpes auf Teller legen. Auf eine Hälfte etwas Kiwisauce geben, die andere Hälfte darüber klappen.
6. Die Crêpes mit Puderzucker bestäuben und sofort servieren.

Vorbereitungszeit: ca. 15 Min.
Garzeit: ca. 4 Min. je Crêpe
Pro Portion ca.2236 kJ/532 kcal

Reisauflauf mit Äpfeln

Das brauchst Du für
4 Portionen:

- 3 Becher Milchreis „natur“ (je 200 g)
- 4 Eier, Eigelb und Eiweiß getrennt
- 1 EL Butter oder Margarine für die Form
- 4 kleine, säuerliche Äpfel (400 g)
- 4 TL Johannisbeergelee
- 50 g gehackte Mandeln
- 20 g Butter für Flöckchen

1. Den Backofen einschalten auf 180 °C, beim Gasherd Stufe 2.

2. Den Reis in die große Schüssel geben.

3. Die Eier trennen. Das Eigelb zum Reis, das Eiweiß in die zweite Schüssel geben.

4. Eigelb mit dem Rührlöffel unterrühren.

5. Die Auflaufform mit der Butter ausfetten. Am besten geht das mit einem Pinsel.

6. Die Äpfel schälen. Mit dem Apfelausstecher das Kernhaus sauber ausstechen.

7. Die Äpfel in die Form setzen. In jeden Apfel 1 TL Gelee füllen.

8. Die Eiweiß zu steifem Schnee schlagen.

9. Das Eiweiß auf den Reis geben und mit dem Rührlöffel unterheben.

10. Den Reis in die Auflaufform geben und verteilen.

11. Die Mandeln darüber streuen. Butter in Flöckchen darauf setzen.

12. Den Auflauf in den heißen Backofen schieben, 40 Minuten backen. Pro Portion ca. 1877 kJ/447 kcal

Eis mit Banane

4 Bananen
1 EL Zitronensaft
2 EL Puderzucker
8 Kugeln Joghurteiscreme
100 g Johannis-, Erd- oder Himbeeren u. Gummibärchen

1. Die Bananen schälen, der Länge nach halbieren.
2. Den Zitronensaft und den Puderzucker verrühren.
3. Für jede Portion 2 Bananenhälften in Stücke schneiden, mit Zitronensaft bepinseln, auf einen Teller legen.
4. Je 2 Eiskugeln dazulegen. Mit Früchten und Gummibärchen garnieren.

Zubereitungszeit: ca. 10 Min.
Pro Portion ca. 972 kJ/231 kcal

Eisdessert auf Götterspeise

1 P. Götterspeise Zitrone
Zucker und Wasser nach Angabe auf der Packung
100 g Beerenobst (Himbeeren, Brombeeren), frisch oder TK
1 TL Zucker
2 Kiwis
1 Pfirsich
1 Becher Schlagsahne (200 g)
1 P. Vanillinzucker
8 Kugeln Erdbeereis
8 Waffeldreiecke
Zuckerstreusel

1. Die Götterspeise nach Anweisung auf der Packung mit Zucker und Wasser zubereiten. In 4 große Schalen oder Teller füllen. Kalt stellen.
2. Das Obst waschen, putzen, abtropfen lassen. TK-Beeren etwas antauen lassen. Mit Zucker bestreuen.
3. Die Kiwis schälen, waschen und in Scheiben schneiden. Den Pfirsich waschen, halbieren, entsteinen und in Spalten schneiden.
4. Die Schlagsahne steif schlagen und mit dem Vanillinzucker süßen, in einen Spritzbeutel mit Sterntülle füllen.
5. Je 2 Eiskugeln auf die Götterspeise setzen, die Früchte dekorativ um das Eis anrichten. Mit Schlagsahne bespritzen.
6. Die Waffeln an der runden Seite ganz leicht anfeuchten und in die Zuckerstreusel tauchen. Zum Dessert dazulegen.

Zubereitungszeit: ca. 15 Min.
Pro Portion ca. 1660 kJ/395 kcal

Sweety's Eisteller

- 2 Kiwis (120 g)
- 2 – 3 Aprikosen (120 g)
- 2 EL Zitronensaft, 2 EL Zucker
- 120 g Erdbeeren
- 1 EL Zitronensaft
- 1 EL Puderzucker
- 200 g Schlagsahne
- 1 P. Vanillinzucker
- 4 Kugeln Schokoladeneis
- 4 Kugeln Vanilleeiscreme
- 4 Kugeln Nußeiscreme
- Früchte zum Garnieren (z.B. Kiwis, Erdbeeren, Orangen)
- 1 EL Puderzucker

Ernährungstip

Eiscreme – mittlerweile kein Saisonartikel mehr. Die Kühltruhen im Geschäft und zu Hause machen es möglich, das ganze Jahr über Eis zu schlecken. Wer mag nicht auch im Winter in wohlig warmer Umgebung zu einem leckeren Eis greifen? Vor allem wenn es mit fruchtigen Saucen, Sahne und frischen Früchten appetitlich angerichtet wird. Und zur Beruhigung der Eltern von kleinen Naschkatzen sei gesagt, daß Eiscreme, wenn es sich wie hier um Schokoladen–, Vanille- und Nußeis handelt, immer Milch enthält und so mit zur täglichen Calciumversorgung beiträgt.

1. Für die Kiwisauce die Kiwis schälen, in Stücke schneiden und zusammen mit dem Zitronensaft und Zucker fein pürieren.
2. Für die Aprikosensauce die Aprikosen mit kochendem Wasser überbrühen, häuten, entsteinen und in Stücke schneiden. Zusammen mit dem Zitronensaft und dem Zucker pürieren.
3. Die Erdbeeren waschen, putzen und zusammen mit dem Zitronensaft und Puderzucker pürieren.
4. Die Schlagsahne steif schlagen, den Vanillinzucker darunter schlagen.
5. Die Fruchtsaucen nebeneinander auf 4 große Teller verteilen. Mit einem Holzstäbchen so durch die Saucen ziehen, daß lustige Muster entstehen.
6. Je eine Schokoladen-, Vanille- und Nußeiscremekugel neben die Saucen setzen.
7. Die Teller mit den Früchten und der Schlagsahne hübsch garnieren.
8. Etwas Puderzucker darüber stäuben und sofort servieren.

Zubereitungszeit: ca. 35 Min.
Pro Portion ca. 1472 kJ/351 kcal

Bärenschmaus

- 1 Flasche Schokoladensauce (200 ml)
- 8 Aprikosenhälften aus der Dose
- 1 Becher Schlagsahne (200 g)
- 1 TL Zucker
- 1 P. Sahnesteif
- 4 große Kugeln Nußeiscreme
- 4 Erdbeeren
- 4 Schnitze Melone

1. Die Schokoladensauce auf 4 flache Teller verteilen. Auseinanderlaufen lassen.
2. Die Aprikosenhälften trockentupfen und als Ohren an die Schokoladensauce legen.
3. Die Schlagsahne halbsteif schlagen. Zucker und Sahnesteif mischen, zufügen, und die Schlagsahne steif schlagen. In einen Spritzbeutel mit gezackter Tülle füllen.
4. Die Schlagsahne, wie auf dem Foto zu sehen, um „Ohren" und Schokoladensauce spritzen.
5. In das „Gesicht" eine dicke Eiskugel als Nase, je eine halbierte Erdbeere als Augen und je einen Melonenschnitz als Mund legen. Sofort servieren.

Zubereitungszeit: ca. 15 Min.
Pro Portion ca. 1298 kJ/309 kcal

Grießbrei mit Früchten

500 ml Milch (1/2 l)
Schale 1/2 Zitrone
1 P. Vanillinzucker
25 g Zucker
1 Prise Salz
40 g Grieß
1 Ei, getrennt
125 g TK-Himbeeren
2 Kiwis
1 TL Honig
1 TL Zitronensaft

1. Die Milch mit der Zitronenschale, dem Vanillinzucker, dem Zucker und 1 Prise Salz zum Kochen bringen.
2. Den Grieß einstreuen, auf schwacher Hitze 5 Min. ausquellen lassen.
3. Das Eiweiß zu steifem Schnee schlagen.
4. Das Eigelb mit dem Grießbrei verrühren. Den Eischnee unterheben.
5. Den Brei auf 4 Portionsschalen verteilen und abkühlen lassen.
6. Die Himbeeren in einer Schüssel auftauen lassen. Die Kiwis schälen, in Stücke schneiden, mit den Himbeeren mischen. Mit Honig und Zitronensaft abschmecken.
7. Das Obst auf dem Grießbrei anrichten.

Vorbereitungszeit: ca. 15 Min.
Garzeit: ca. 5 Min.
Pro Portion ca. 860 kJ/205 kcal

Ernährungstip

Grieß – ein normalerweise aus Weizenkörnern hergestelltes Nährmittel, das nur noch den von der Schale und dem Keim befreiten Mehlkörper enthält. Neben diesem ernährungsphysiologisch nicht sehr hochwertigen Grieß bietet der Handel auch sogenannten Vollkorngrieß an, der alle wertgebenden Bestandteile des ursprünglichen Weizenkorns enthält. Wenn Sie Ihrem Kind etwas Gutes tun wollen, dann entscheiden Sie sich für Weizenvollkorngrieß. Dieser enthält energiespendende und sättigende Kohlenhydrate in Form von Stärke, pflanzlichem Eiweiß, lebensnotwendigen Fettsäuren sowie Vitamine, Mineralstoffe und Ballaststoffe.

Kefirreis mit Pflaumen

80 g Naturreis
1 TL Butter
1 Becher Kefir (500 ml)
30 g Zucker
250 g Pflaumen
2 EL Zimtzucker

1. Den Naturreis in heißer Butter kurz anrösten. Den Kefir dazugießen und aufkochen lassen. Den Zucker unterrühren. In ca. 30 Min. auf schwacher Hitze ausquellen lassen. Ab und zu umrühren.
2. Die Pflaumen waschen, halbieren und den Stein herausnehmen.
3. Pflaumen mit dem Reisbrei mischen. Auf 4 Portionsteller verteilen.
4. Den Kefirreis mit Zimtzucker bestreuen und heiß servieren.

Vorbereitungszeit: ca. 15 Min.
Garzeit: ca. 30 Min.
Pro Portion ca. 1060 kJ/253 kcal

Ernährungstip

Kefir – ursprünglich aus dem Kaukasus stammendes gesäuertes Milcherzeugnis. Als Gärungserreger werden der Milch sogenannte Kefirkörner bzw. Kefirpilze zugesetzt. Diese bilden einen der Sauermilch ähnlichen Geschmack, der durch die entstehende Kohlensäure besonders spritzig wird. Kefir kann auch selber hergestellt werden, vorausgesetzt, man besitzt die Kefirkörner bzw. den Kefirpilz: Diese mit Trinkmilch vermischen und einen Tag bei ca. 20 Grad stehen lassen – fertig. Nun müssen nur noch die Körner aus dem Kefir entfernt werden. Dazu alles in ein Sieb geben und den Kefir abfließen lassen. Die zurückbleibenden Körner mit Wasser spülen. In einem mit Wasser gefüllten Marmeladenglas bis zur nächsten Kefirherstellung aufbewahren. (Wasser alle 2 Tage wechseln.) Das so hergestellte – oder auch gekaufte – säuerlich schmeckende Milchprodukt enhält die Inhaltsstoffe der Milch in leicht veränderter Form. Durch die aktivierten Hefen ist eine geringe Menge Alkohol entstanden.

Ernährungstip

Naturreis bzw. Vollkornreis – wegen seiner Farbe auch oft brauner Reis genannt. Er ist ernährungsphysiologisch der wertvollste Reis. Im Gegensatz zum geschälten und polierten Reis – auch weißer Reis genannt – wird beim Naturreis nur die äußere Schale (Spelze) entfernt. Der Keimling und das sogenannte Silberhäutchen bleiben erhalten. Naturreis hat einen hohen Gehalt an Eisen, Kalium, Magnesium, Phosphor und Vitaminen der B-Gruppe. Vor allem der Gehalt an Vitamin B1 (Thiamin) – das auch als Nervenvitamin bezeichnet wird – ist bedeutend höher als beim polierten Reis. Mit Naturreis zubereitete Gerichte haben einen herzhaften, kernigen Geschmack. In Kombination mit Milchprodukten und frischen Früchten wird ein Gericht mit Naturreis nicht nur zu einer beliebten Nachspeise. Man kann es auch guten Gewissens als sättigende Hauptmahlzeit servieren, denn die drei Nahrungsmittel ergänzen sich nährwertmäßig ganz hervorragend.

Obstsalat

- 1 kleine Melone (400 g)
- 150 g Weintrauben
- 400 g Erdbeeren
- 2 EL Zitronensaft
- 2 EL Honig
- evtl. Melisse zum Garnieren

1. Die Melone halbieren, entkernen und aus dem Fruchtfleisch mit einem Ausstecher Kugeln ausstechen (oder die entkernte Melone schälen und das Fruchtfleisch würfeln).
2. Die Weintrauben waschen und halbieren.
3. Die Erdbeeren waschen, putzen und evtl. halbieren.
4. Alle Früchte mischen. Den Zitronensaft und den Honig dazugeben und untermischen.
5. Den Salat anrichten und evtl. mit Melisse garnieren.

Zubereitungszeit: ca. 20 Min.
Pro Portion ca. 446 kJ/111 kcal

Vanillepudding mit Roter Grütze

250 ml roten Obstsaft (1/4 l, z.B. Johannisbeer-, Himbeer-, Brombeer- oder Kirschsaft)
ca. 1 EL Zucker
1 EL Zitronensaft
20 g Speisestärke
500 ml Milch
2 EL Zucker
1 P. Vanille-Puddingpulver
200 g Schlagsahne
1 P. Vanillinzucker

Ernährungstip

Vanillinzucker – ein sehr verbreitetes Würzmittel für Süßspeisen und Gebäck, das aus Zucker und dem künstlich hergestellten Aromastoff Vanillin besteht. Vanillezucker dagegen enthält neben Zucker einen Anteil zerkleinerter Vanilleschote. Dies ist an den dunklen Punkten zu erkennen. Natürlich können Sie Vanillezucker auch selber herstellen: Haushaltszucker mit dem ausgekratzten Mark einer Vanilleschote mischen und in einem geschlossenen Gefäß aufbewahren. Anstelle von einem Päckchen Vanillinzucker nehmen Sie dann 1 gehäuften Teelöffel Vanillezucker.

1. Den Fruchtsaft mit dem Zucker, dem Zitronensaft und der Speisestärke gut verrühren und unter Rühren zum Kochen bringen. 1 Minute kochen lassen.
2. Die Rote Grütze in eine flache Schale geben und abkühlen lassen.
3. Von der Milch 2 EL voll abnehmen. Den Rest mit dem Zucker zum Kochen bringen.
4. Das Puddingpulver mit der zurückgelassenen Milch anrühren. In die kochende Milch rühren und aufkochen lassen.
5. Eine Form mit kaltem Wasser ausspülen. Den Pudding einfüllen und erkalten lassen.
6. Den Pudding auf die Rote Grütze stürzen. Evtl. garnieren.
7. Schlagsahne mit Vanillinzucker verschlagen und dazu reichen.

Vorbereitungszeit: ca. 25 Min.
Garzeit: ca. 2 Min.
Pro Portion ca.1450 kJ/345 kcal

Joghurtgelee mit Karamelbananen

6 Blatt weiße Gelatine
2 Becher Trinkmilchjoghurt (je 150 g)
100 ml Milch, 75 g Zucker
1 P. Vanillinzucker
abgeriebene Schale 1/2 Zitrone
2 EL Zitronensaft
80 g Zucker
150 ml Orangensaft
2 Bananen
evtl. Schokoladenblättchen

1. Die Gelatine in kaltem Wasser einweichen.
2. Die Trinkmilchjoghurt in eine Schüssel geben, mit der Milch, dem Zucker, dem Vanillinzucker, der Zitronenschale und dem Saft verrühren.
3. Die Gelatine in sehr wenig Wasser unter Rühren auflösen und unter die Joghurtmasse rühren.
4. Eine Form mit kaltem Wasser ausspülen. Die Joghurtspeise einfüllen und im Kühlschrank erstarren lassen.
5. Den Zucker in einem kleinen Topf karamelisieren lassen. Den Orangensaft angießen und so lange kochen lassen, bis die Sauce sämig ist.
6. Die Bananen schälen, in Scheiben schneiden und in der Sauce wenden.
7. Das Joghurtgelee auf eine Platte stürzen. Die Bananen daneben anrichten. Evtl. mit Schokoladenblättchen verzieren.

Zubereitungszeit: ca. 25 Min.
Pro Portion ca. 1386 kJ/330 kcal

Elefantenpudding mit Schokosauce

Das brauchst Du für 4 Portionen:

Für den Pudding:
500 ml Milch (1/2 l)
1 P. Vanillepuddingpulver
2 EL Zucker (40 g)
Für die Schokoladensauce:
250 ml Milch (1/4 l)
1 Packung Instant-Schokoladensaucenpulver
Zum Verzieren:
100 g Mandarinen aus der Dose, 1 Liebesperle

1. Von der Milch 6 EL voll abnehmen und in den Becher geben.

2. Das Puddingpulver dazugeben, gut verrühren.

3. Die restliche Milch in den Topf gießen. Den Zucker dazugeben. Bei starker Hitze (Stufe 3 oder 12) zum Kochen bringen.

4. Den Topf von der Kochstelle nehmen. (Den Herd auf Stufe 1 oder 4 zurückschalten.)

5. Das angerührte Puddingpulver nochmal umrühren. In die heiße Milch gießen. Dabei gut rühren.

6. Den Pudding unter ständigem Rühren einmal aufkochen lassen.

7. Eine Elefantenform mit kaltem Wasser ausspülen. Den Pudding einfüllen. Kalt werden lassen.

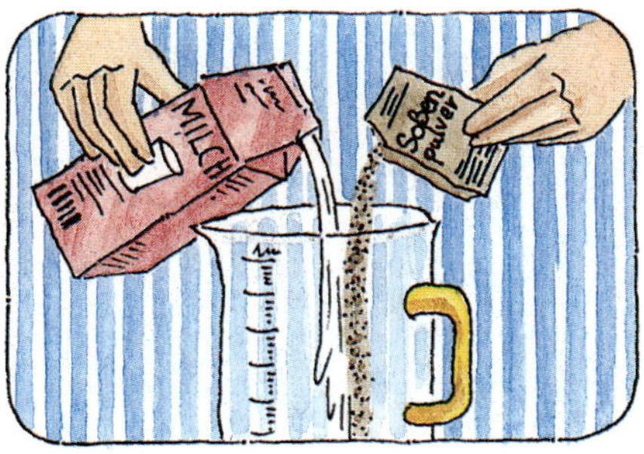

8. Für die Schokoladensauce die Milch in das Litermaß geben. Das Saucenpulver hineinschütten.

9. Mit dem Schneebesen etwa 1 Minute lang kräftig rühren.

10. Den Pudding auf eine Platte stürzen. Das macht man so: Die Platte auf die Form legen, zusammen anfassen und umkippen.

11. Etwas Schokoladensauce auf die Platte gießen. Die übrige Sauce in ein Kännchen gießen und extra reichen.

12. Den Pudding mit Mandarinen verzieren. Eine Liebesperle als Auge auf den Elefanten legen.
Pro Portion ca. 1045 kJ/249 kcal

ABEND

Kinder sollen wachsen, aber nicht in die Breite. Das Abendessen sei daher leicht, dem geringeren Energiebedarf des Körpers in der Ruhepause angepaßt. Dieser Bedarf variiert je nach Lebensalter; die Großen brauchen mehr als die Kleinen. Den landläufigen Begriff „Abendbrot“ sollte keine Mutter allzu wörtlich nehmen. Denn immer nur belegte Brote am Abend – das halten weder die so Beköstigten noch die Ernährungswissenschaftler für gut. Wenn belegte Brote, dann nicht als Verlegenheitslösung, sondern als echte kleine Überraschung: einfach, aber köstlich, bekömmlich und gut mit anderen Speisen zu kombinieren. Damit jeder auf seine Kalorien kommt, läßt sich mit unseren Empfehlungen das Abendessen bausteinartig zusammenstellen. So gibt es für den Großen zum Rohkostteller noch ein kräftiges Zubrot. Und wenn der Benjamin der Familie nur Milchreis bekommt, dürfen die anderen diesen als Dessert genießen. – Ohne Getränke ist das Abendessen für Kinder schwer vorstellbar. Doch gibt es nichts, was wach hält oder kribbelig macht – lieber wechselweise Kräuter- oder Früchtetee, Apfelsaft, Fruchtsaftschorle, Milch oder einen lekkeren Erdbeerdrink.

Knäcke-Pizza

Für 4 Portionen

- 100 g Champignons
- 1 grüne Paprikaschote
- 2 kleine Tomaten
- Backpapier für das Blech
- 8 Scheiben rundes Knäckebrot
- 30 g Butter oder Margarine zum Bestreichen
- 2 P. Tomatenstückchen mit Zucchini und Paprika (je 200 g)
- 2 EL Olivenöl
- 100 g Schnittkäse (45% Fett i.Tr.)

1. Die Champignons waschen und in Scheiben schneiden. Die Paprikaschote halbieren, entkernen, waschen, in Streifen schneiden. Die Tomaten waschen und ebenfalls in Scheiben schneiden.
2. Ein Backblech mit Backpapier auslegen.
3. Das Knäckebrot mit Butter oder Margarine bestreichen und auf das Backblech legen.
4. Die fertige Tomatenmasse auf dem Knäckebrot verteilen, die Champignons und den Paprika darüber geben, mit Öl beträufeln.
5. Den Käse grob reiben und darüber streuen.
6. Die Knäcke-Pizza im vorgeheizten Backofen 10 Min. überbacken.

Vorbereitungszeit: ca. 15 Min.
Backzeit: ca. 10 Min.
E-Herd: 200 – 220 °C/G-Herd: Stufe 2
Pro Portion ca. 1368 kJ/326 kcal

Pikante Torte

225 g Weizenvollkornmehl
125 g Butter oder Margarine
1 TL Meersalz
6 – 8 EL Wasser
Fett für die Form
1 Eigelb
4 EL Milch
1/2 TL Honig
500 g Speisequark (40%)
ca. 4 EL Schlagsahne
Meersalz
2 Knoblauchzehen
2 Bund Dill oder Schnittlauch
1 Bund Radieschen oder 1 rote Paprikaschote
1 Salatgurke
2 hartgekochte Eier

1. Das Vollkornmehl, das weiche Fett, Meersalz und Wasser in eine Schüssel geben und mit den Knethaken des Handrührgerätes verkneten. Den Teig mit den Händen zu einer Kugel formen und 30 Min. ruhen lassen.
2. Den Boden einer Springform (ø 26 cm) einfetten. Den Teig ausrollen. Den Boden der Springform damit auslegen, einen schmalen Rand hochziehen. Den Boden mit einer Gabel einstechen.
3. Den Teig im vorgeheizten Backofen ca. 10 Min. backen.
4. Das Eigelb mit Milch und Honig verquirlen, den Boden und Rand damit bepinseln und den Kuchen weitere 10 – 15 Min. backen. Den Kuchen auf einem Kuchengitter auskühlen lassen.
5. Für den Belag den Speisequark mit der Schlagsahne und dem Meersalz verrühren (er sollte nicht zu dünn werden).
6. Die Knoblauchzehen schälen, zerdrücken. Die Kräuter waschen, trockentupfen. Den Dill hacken, den Schnittlauch in Röllchen schneiden.
7. Den Knoblauch und die Hälfte der Kräuter unter den Quark rühren.
8. Die Radieschen putzen oder die Paprikaschote entkernen, zusammen mit der Gurke waschen. Das Gemüse in feine Würfel schneiden. Die Eier pellen und ebenfalls fein würfeln.
9. Den Quark auf den Mürbeteigboden streichen. Die vorbereiteten Kräuter, das Gemüse und die Eier kreisförmig darauf streuen. Sofort servieren.

Vorbereitungszeit: ca. 30 Min.
Garzeit: 20 – 25 Min.
Pro Portion ca. 1575 kJ/375 kcal

Ernährungstip

Weizenvollkornmehl – aus dem ursprünglichen Getreidekorn – enthält alle Nährstoffe, die von Natur aus im Getreide enthalten sind. Besitzen Sie selber eine Getreidemühle, so sollte das Getreide erst kurz vor der Weiterverarbeitung gemahlen werden. Dies ist sicherlich auch sehr interessant für die Kinder: Sie können beobachten, wie aus den Getreidekörnern feines Mehl entsteht – ohne Zusatz von weiteren Stoffen und ohne Entfernen von Getreidebestandteilen. Natürlich kann man sich das Getreide auch frisch vermahlen lassen – denn nicht jeder besitzt zunächst eine Getreidemühle. Gemahlenes Getreide läßt sich auch tiefgefrieren. Eine ideale Aufbewahrungsmethode, denn die Nährstoffverluste sind minimal.

Pizza mit Pilzen und Tomaten

Für 2 Portionen

- 200 g Kochschinken in Scheiben
- 1 Dose geschn.Champignons (Abtropfgewicht 230 g)
- Backpapier für das Blech
- 1 Dose Fertigteig für Frühstückshörnchen (250 g)
- 1 Dose Tomaten (Abtropfgewicht 240 g)
- Pizza-Gewürzmischung
- 200 g geriebener Käse (45% Fett i.Tr.)

1. Den Schinken in Streifen schneiden. Die Champignons abgießen und abtropfen lassen.
2. Ein Backblech mit Backpapier auslegen.
3. Den Fertigteig aus der Dose nehmen und zu einer runden Platte auseinanderdrücken (ø 26 cm).
4. Die Tomaten abgießen, in Würfel schneiden und auf dem Teig verteilen. Die Schinkenstreifen und Champignons darüber geben.
5. Die Pizza mit der Gewürzmischung würzen und mit dem geriebenen Käse bestreuen.
6. Die Pizza im vorgeheizten Backofen ca. 25 Min. backen. Heiß servieren.

Vorbereitungszeit: ca. 15 Min.
Backzeit: ca. 25 Min.
E-Herd: 200 – 225 °C/G-Herd: Stufe 3 – 4
Pro Portion ca. 4465 kJ/1063 kcal

Paprika-Mais-Salat mit Ei

Für 2 Portionen

- 3 kleine Paprikaschoten (rot, gelb und grün)
- 1 Dose Maiskörner (Abtropfgewicht 285 g)
- 1 Becher Joghurt (150 g)
- 2 TL Salatcreme
- 2 EL Zitronensaft
- Salz
- evtl. Pfeffer
- 1 TL Zucker
- 1 Bund Petersilie
- 2 hartgekochte Eier

1. Die Paprikaschoten halbieren, entkernen, waschen und in Würfel schneiden. Den Mais abtropfen lassen.
2. Den Trinkmilchjoghurt mit der Salatcreme und dem Zitronensaft verrühren, mit den Gewürzen abschmecken.

3. Das Gemüse mischen, die Salatsauce darauf geben und alles gut vermengen.
4. Die Petersilie waschen, trockentupfen und hacken. Unter den Salat mischen.
5. Die Eier pellen, halbieren. Den Salat anrichten, die Eier darauf legen.

Zubereitungszeit: ca. 15 Min.
Pro Portion ca. 1518 kJ/362 kcal

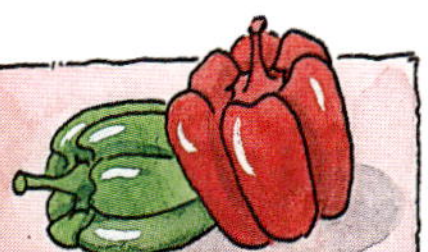

Ernährungstip

Paprika – ein Nachtschattengewächs, das als mild schmeckender Gemüsepaprika in gelben, roten und grünen Schoten angeboten wird. Die ernährungsphysiologische Bedeutung liegt vor allem in dem vergleichsweise hohen Anteil an Vitamin C. Während die noch nicht voll ausgereiften grünen Schoten einen mehr gemüseartigen Geschmack aufweisen, sind die reifen, roten Früchte mehr süßschmeckend. Beim Einkauf ist darauf zu achten, daß die Schoten ein festes Fruchtfleisch haben. Ansonsten handelt es sich um ältere Ware, die weder vom Geschmack, noch vom Biß, noch von der Vitaminversorgung das hält, was man von frischen Paprikaschoten erwartet.

Doppeldecker, Karottenrohkost und Erdbeerdrink

Für 1 Portion

- 200 g Möhren
- 1 EL Zitronensaft
- 3 EL Buttermilch
- 1 TL geriebener Meerrettich
- Zucker zum Abschmecken
- evtl. Salz
- 1 Vollkornbrötchen
- 2 Salatblätter
- 1 Frikadelle (ca. 70 g)
- 1 TL Remouladensauce
- 100 g Erdbeeren
- 2 TL Zucker
- 150 ml fettarmer Kefir

1. Die Möhren gut waschen, evtl. schälen und grob raspeln.
2. Zitronensaft, Buttermilch und den geriebenen Meerrettich verrühren. Mit Zucker und evtl. Salz würzen. Die Sauce mit den geraspelten Möhren mischen.
3. Das Brötchen halbieren. Die Salatblätter waschen und mit Küchenkrepp gut trockentupfen.
4. Die untere Brötchenhälfte mit den Salatblättern und der Frikadelle belegen. Die Remouladensauce darauf geben und die obere Brötchenhälfte darauf klappen.
5. Die Erdbeeren waschen, putzen und zerdrücken. Mit dem Zucker und dem Kefir verrühren und in ein Glas geben.

Zubereitungszeit: ca. 15 Min.
Pro Portion ca. 1940 kJ/462 kcal

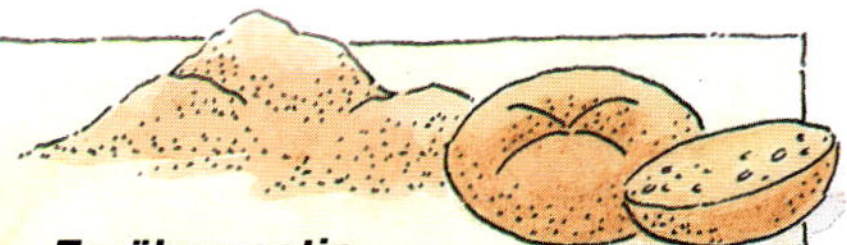

Ernährungstip

Vollkornbrötchen – so wie alle anderen Nahrungsmittel, die aus dem vollen Getreidekorn hergestellt werden, enthalten neben der energieliefernden Stärke auch lebensnotwendige Vitamine und Mineralstoffe. Weiterhin wirkt sich der Anteil Ballaststoffe des Vollkornmehls positiv auf das Sättigungsgefühl aus, denn die Ballaststoffe füllen den Magen und machen satt, ohne daß sie Energie – sprich Kalorien – liefern. Ein frisches, knuspriges Vollkornbrötchen kombiniert mit einer vitaminreichen Rohkost aus Möhren und einem fruchtigen Erdbeergetränk ist ein richtiger Vitaminspender.

Kartoffelsalat mit Fischstäbchen

750 g Kartoffeln
Salz
1 Salatgurke
1 Becher Trinkmilchjoghurt (150 g)
100 ml Fertigsalatsauce mit Kräutern (ohne Öl)
2 EL Joghurt-Salatcreme
1 P. Fischstäbchen (15 St.)
2 EL Öl
1 Kästchen Kresse

1. Die Kartoffeln gründlich waschen und in kochendem Salzwasser ca. 20 Min. garen. Abgießen, kurz mit kaltem Wasser abspülen.
2. Die Kartoffeln pellen und in Scheiben schneiden. Die Salatgurke waschen und würfeln. Die Gurkenwürfel mit den Kartoffelscheiben vermischen.
3. Für die Salatsauce den Joghurt mit der Salatsauce und der Joghurt-Salatcreme verrühren. Mit Salz abschmecken.
4. Die Salatsauce mit den Kartoffeln vermischen und alles gut durchziehen lassen.

Corned beef-Brot mit Gemüse

Für 1 Portion

1 Bund Radieschen
1 kleine Möhre
2 Scheiben Weizenvollkornbrot
2 TL Butter oder Margarine (10 g)
1 EL Joghurt-Salatcreme
2 Scheiben Corned beef (50 g)
1 Gewürzgurke
1 Glas Milch (200 ml)

1. Die Radieschen putzen, die Möhre schälen und waschen.
2. Eine Brotscheibe mit Butter oder Margarine bestreichen. Die zweite Scheibe mit der Salatcreme bestreichen und mit dem Corned beef belegen.
3. Die Radieschen halbieren, die Möhre in Stifte, die Gewürzgurke in Scheiben schneiden.
4. Das Corned beef damit belegen.
5. Das restliche Gemüse neben den Broten anrichten.

Zubereitungszeit: ca. 10 Min.
Insgesamt ca. 2120 kJ/505 kcal

Ernährungstip

Rohkost zum Brot – nicht nur, weil Sie etwas für die Gesundheit Ihres Kindes tun wollen. Das abendliche Brot wird auch durch bunte Rohkostbeilagen – die natürlich den Geschmackspräferenzen des Kindes angepaßt werden können und auch sollten – viel attraktiver und abwechslungsreicher. Radieschen, Möhre und Gewürzgurke können nach Belieben ausgetauscht werden. Auch Tomatenstücke, Gurkenscheiben, Kohlrabistifte, Blumenkohlröschen oder Paprikastreifen sind eine weitere Bereicherung der abendlichen Mahlzeit.

5. Die Fischstäbchen in sehr heißem Öl auf beiden Seiten schön knusprig braun braten.
6. Die Kresse abschneiden, waschen und trockentupfen. Die Kresseblättchen über den angerichteten Salat streuen.

Vorbereitungszeit: ca. 20 Min.
Garzeit: ca. 25 Min.
Pro Portion ca. 1709 kJ/407 kcal

Gemüse-Rührei mit Toast

Für 2 Portionen

- 2 kleine Zucchini (300 g)
- 2 Möhren (150 g)
- 1 Dose Maiskörner (Abtropfgewicht 285 g)
- 20 g Margarine
- 4 Eier
- 4 EL Mineralwasser
- Salz
- geriebene Muskatnuß
- 2 EL Tomatenketchup
- 1 Scheibe Vollkorntoastbrot

1. Die Zucchini waschen und grob raspeln. Die Möhren schälen, waschen, in dünne Scheiben schneiden. Den Mais in ein Sieb schütten und abtropfen lassen.
2. Die Margarine erhitzen und die Möhren einige Minuten darin andünsten. Die Zucchiniraspel und den Mais untermischen und kurz mitdünsten.
3. Die Eier mit dem Mineralwasser und den Gewürzen verschlagen, über das Gemüse gießen. Die Eimasse stocken lassen, dabei immer wieder in Flocken zusammenschieben.
4. Das Gemüse-Rührei mit dem Tomatenketchup und dem getoasteten Toastbrot servieren.

Vorbereitungszeit: ca. 15 Min.
Garzeit: ca. 10 Min.
Pro Portion ca. 2158 kJ/514 kcal

Rohkost mit Kresse-Toast

2 Portionen

250 g Möhren
2 kleine Äpfel (250 g)
1 TL Zitronensaft
2 EL Crème fraîche
1 – 2 EL Zitronensaft
Zucker zum Abschmecken
2 Scheiben Vollkorn-Toastbrot
20 g Butter oder Margarine
1 Kästchen Kresse
2 hartgekochte Eier
2 Gläser Vollmilch (je 200 ml)

1. Die Möhren schälen, waschen und grob raspeln. Die Äpfel waschen, entkernen, in Scheiben schneiden und mit Zitronensaft beträufeln (damit sie nicht braun werden). Zusammen auf 2 Tellern anrichten.
2. Crème fraîche mit Zitronensaft und Zucker abschmecken. Über das Gemüse geben.
3. Die Toastbrotscheiben toasten und mit Butter oder Margarine bestreichen.
4. Die Kresse abschneiden, waschen und trockentupfen. Auf dem Toast verteilen. Die Eier pellen, halbieren und darauf setzen.
5. Dazu die Vollmilch servieren.

Zubereitungszeit: ca. 15 Min.
Pro Portion ca. 2250 kJ/536 kcal

Ernährungstip

Kresse selber ziehen – das macht auch den Kindern sehr viel Spaß – auf einen flachen Teller etwas Watte ausbreiten und leicht anfeuchten. 1–2 EL Kressesamen möglichst gleichmäßig darauf verteilen und vorsichtig anfeuchten. Nun können die Samen quellen. Sie dürfen natürlich nicht trocken stehen. Nach 1–2 Tagen platzt die Samenschale auf und ein kleiner Keimling tritt aus. Dieser wächst mit der Zeit und nach 3–4 Tagen werden die ersten Blättchen sichtbar. Nun dauert es nicht mehr lange, bis alle Samen zu etwa 5–6 cm großen Pflanzen herangewachsen sind. Dann kann die Ernte beginnen. Dazu schneidet man die zarten Pflanzenstiele am besten mit einer Schere kurz oberhalb der Watte ab. Natürlich gibt es im Handel auch spezielle Gefäße aus Ton, die zum Anziehen von Kresse gedacht sind. Frisch geerntete Kresse ist nicht nur ein pikanter Brotbelag. Auch würzige Quarkspeisen oder diverse Marinaden und Salate lassen sich damit schmackhaft zubereiten.

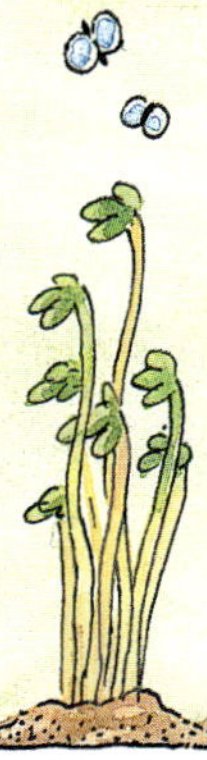

Gurkenbrot mit Quark

1 Portion

- 100 g Speisequark (20%)
- 3 EL Milch
- 1 EL Crème fraîche
- 1/2 Salatgurke
- 2 EL TK gemischte Kräuter
- Salz, Pfeffer
- Knoblauchpulver
- Paprikapulver edelsüß
- 1 Scheibe Roggenvollkornbrot
- 2 Scheiben Vollkornknäckebrot
- 20 g Butter oder Margarine

1. Den Speisequark mit Milch und Crème fraîche verrühren.
2. Die Salatgurke waschen, ein paar Scheiben abschneiden. Die übrige Gurke schälen und grob raspeln. Zusammen mit den Kräutern unter den Quark rühren.
3. Den Gurkenquark mit Salz, Pfeffer, Knoblauch- und Paprikapulver abschmecken.
4. Das Brot mit Butter oder Margarine bestreichen.
5. Das Vollkornbrot mit Gurkenquark bestreichen.
6. Den Rest in ein Schälchen füllen. Mit Gurkenscheiben verzieren, zum Knäckebrot essen.

Zubereitungszeit: ca. 10 Min.
Pro Portion ca. 2150 kJ/512 kcal

Thunfischtoast

Das brauchst Du für
4 Portionen:

- 4 Scheiben Toastbrot
- Butter zum Bestreichen
- 1 Dose Thunfisch natur (Abtropfgewicht 150 g)
- 2 Tomaten
- 4 Scheiben Käse, z.B. Edamer (je 20 g)
- 1 Tomate und 1 Zweig Petersilie zum Garnieren

1. Den Backofen einschalten auf 225 °C, beim Gasherd auf Stufe 4.

2. Das Toastbrot im Toaster rösten und dann etwas abkühlen lassen.

3. Die Scheiben mit etwas Butter bestreichen.

4. Die Toastscheiben auf ein Backblech legen.

5. Die Thunfischdose öffnen und den Thunfisch zum Abtropfen in das Sieb geben.

6. Die Tomaten waschen, den Stielansatz herausschneiden.

7. Die Tomaten in gleich dicke Scheiben schneiden.

8. Den Thunfisch und die Tomaten auf die Toastscheiben legen.

9. Das Ganze mit den Käsescheiben bedecken.

10. Das Blech in den Ofen schieben – auf die mittlere Schiene. So lange backen, bis der Käse geschmolzen ist. Das dauert etwa 4 – 5 Minuten.

11. Die Tomate und die Petersilie waschen und abtrocknen.

12. Mit Petersilienblättchen und der in Achtel geschnittenen Tomate den Toast garnieren.
Pro Portion ca. 1106 kJ/263 kcal

FEIERN

Die Mutter, die meint, alles allein tun zu müssen, wird schließlich wirklich allein sein, und das heißt auch: im Stich gelassen. Wenn sich daher ein besonderes Ereignis ankündigt – Kindergeburtstag, Sommerfest, Picknick oder Gartenparty – dann empfiehlt es sich, den Familienrat einzuberufen. Zunächst einmal darf jeder seine Wunschvorstellungen äußern. Einer schreibt alles stichwortartig mit. Dann wird das für die aktuelle Gelegenheit einzig Richtige herausgesucht; der Rest wird abgeheftet – für später. Es geht ja nicht darum, tausend Ideen auf einmal zu verwirklichen, sondern ein Motto soll sich wie ein roter Faden durch die ganze Fete ziehen: von den Einladungen über den Tischschmuck bis zu den kulinarischen Genüssen, mit denen sich dieses Kapitel befaßt. Schließlich werden die Aufgaben verteilt und dieVerantwortlichen ernannt: Wer kauft ein, wer kocht und backt? Wer sorgt für die Getränke? Wer organisiert die Spiele? Wer ist für die Dekoration zuständig? Der Familienrat stellt auch die Gästeliste zusammen mit Blick auf Raumangebot und Harmonie. Über allen Vorbereitungen aber steht in leuchtenden Lettern ein Satz: Man kann nicht früh genug damit anfangen!

Kirsch-Eistorte

Für den Teig: 2 Eier, getrennt
2 EL Wasser, 75 g Zucker
1 P. Vanillinzucker
abgeriebene Schale
1 unbehandelten Zitrone
40 g Mehl, 20 g Speisestärke
1/2 TL Backpulver
Fett, Paniermehl für die Form
Für die Füllung:
500 g Sauerkirschen
500 ml Vanilleeis
1/2 P. Mohnback (250 g)
50 g Schokoladenspäne

1. Das Eiweiß mit dem Wasser sehr steif schlagen, dabei den Zucker und den Vanillinzucker einrieseln lassen.
2. Eigelb und Zitronenschale untermengen.
3. Das Mehl und die Speisestärke mit dem Backpulver mischen, unter den Eischaum heben.
4. Eine Kastenform (Länge 26 cm) ausfetten und mit Paniermehl ausstreuen. Den Teig einfüllen und im vorgeheizten Backofen 25 – 30 Min. backen. Aus der Form stürzen und abkühlen lassen.
5. Für die Füllung die Sauerkirschen waschen, entsteinen.
6. Das Eis etwas antauen lassen. Inzwischen den Biskuitboden einmal waagerecht durchschneiden.
7. Das Eis nacheinander mit dem Mohn und den Kirschen verrühren.
8. Abwechselnd Eismasse und Biskuitböden in die gereinigte Kastenform einschichten.
9. Die Eistorte im Gefrierfach 4 – 5 Stunden durchfrieren lassen. Vor dem Servieren etwas antauen lassen, damit sie cremig wird.
10. Die Torte auf eine Platte stürzen und mit Schokoladenspänen bestreuen. Ergibt ca. 16 Scheiben.

Vorbereitungszeit: ca. 1 Std.
Backzeit: 20 – 25 Min.
E-Herd: 180 °C/G-Herd: Stufe 2
Pro Scheibe ca. 630 kJ/150 kcal

Wellenreiter

1 P. Backmischung „Donauwellen“
100 g Margarine, 2 Eier
3 EL Wasser, 200 ml Milch
100 g weiche Margarine
100 g Gummibärchen
Zuckerstreusel

1. Die Backmischung nach Anleitung auf der Packung mit der Margarine, den Eiern und dem Wasser zubereiten.
2. Den Teig in die beigefügte Backform füllen, glattstreichen und im vorgeheizten Backofen 40 – 45 Min. backen. Aus der Form nehmen, abkühlen lassen.
3. Den beigefügten Creme-Mix nach Anleitung auf der Packung mit der Milch und der Margarine zubereiten. Zwei Drittel der Creme auf dem Kuchen verteilen, glattstreichen.
4. Die restliche Creme mit dem übrigen Schokoladenpulver verrühren, in einen Spritzbeutel füllen und die „Donauwellen“ damit verzieren. Kühl stellen.
5. Den Kuchen vor dem Servieren mit Gummibärchen und Zuckerstreuseln verzieren.
Ergibt ca. 14 Stück.

Vorbereitungszeit: ca. 30 Min.
Backzeit: 40 – 45 Min.
E-Herd: 180 °C/G-Herd: Stufe 2
Pro Stück ca.1341 kJ/319 kcal

Geburtstagstorte

- 1 P. Backmischung „Schoko-Flockina“
- 100 g Margarine, 2 Eier
- 3 – 4 EL Wasser
- 200 g Marzipanrohmasse
- 1 Vanilleschote
- 50 g gehackte Mandeln
- Margarine für die Form
- 100 g Aprikosenkonfitüre
- 50 g Puderzucker
- Speisefarben, Kerzen
- Kerzenhalter (Bastelgeschäft)

1. Die Backmischung mit der Margarine, den Eiern und dem Wasser nach Anleitung auf der Packung zubereiten. Die Hälfte der Marzipanrohmasse zerdrücken und unterrühren.
2. Die beigefügten Schokoladeflocken, das ausgekratzte Mark der Vanilleschote und die Mandeln unter den Teig ziehen.
3. Eine Springform (ø 26 cm) mit Margarine ausfetten. Den Teig einfüllen, glattstreichen, im vorgeheizten Backofen 45 – 50 Minuten backen.
4. Den fertigen Kuchen aus der Form lösen und abkühlen lassen.
5. Die Konfitüre leicht erwärmen und die Torte dünn damit bestreichen.
6. Die beigefügte Glasur nach Anleitung auf der Packung erwärmen und die Torte damit überziehen.
7. Die restliche Marzipan-Rohmasse mit dem Puderzucker verkneten. Die Hälfte davon mit Speisefarbe rosa einfärben, ausrollen und einen Elefanten ausschneiden. Auf die Torte legen. Den Rest gelb und grün einfärben, ausrollen, eine Palme und Gras ausschneiden. Ebenfalls auf die Torte legen.
8. Die Kerzen in die Halter, dann in die Torte stecken.

Ergibt ca. 12 Stück.

Vorbereitungszeit: Ca. 45 Min.
Backzeit: 45 – 50 Min.
E-Herd: 180 °C/G-Herd: Stufe 2
Pro Stück ca. 1632 kJ/389 kcal

Tischkarten „Brownies“

- 1 P. Backmischung „Schoko-Brownies“
- 125 g Margarine
- 3 Eier
- 200 g Puderzucker
- 3 EL farbiger Obstsaft (z.B. Waldmeister, Kirschsaft)
- Zuckerschrift, Zuckerstreusel

1. Die Backmischung nach Anleitung auf der Packung mit der Margarine und den Eiern zubereiten. Die beigefügten Schokoflocken unter den Teig rühren.
2. Den Teig in die beigefügte Backform füllen, glattstreichen und im vorgeheizten Backofen ca. 45 Min. backen. Aus der Form nehmen und abkühlen lassen.
3. Die Brownies in kleine Rechtecke schneiden.
4. Die Puderzuckermenge teilen und mit den Fruchtsäften in verschiedenen Farben anrühren. Die Kuchenrechtecke damit beziehen. Trocknen lassen.
5. Die Namen mit der farbigen Zuckerschrift auftragen. Die Tischkarten mit Zuckerstreusel verzieren.

Ergibt ca. 18 Tischkarten.

Vorbereitungszeit: ca. 40 Min.
Backzeit: ca. 45 Min.
E-Herd: 150 °C/G-Herd: Stufe 1 – 1 1/2
Pro Tischkarte ca. 848 kJ/202 kcal

Kindertörtchen „Froschkönig“

- 3 Eier, getrennt
- 2 EL warmes Wasser
- 125 g Zucker, 1 Prise Salz
- 150 g Mehl
- 50 g Speisestärke
- 3 TL Backpulver
- 16 Papierbackförmchen (ø 6 cm)
- 1 P. Instant-Götterspeise „Waldmeister“
- 100 g Zucker
- 250 ml kochendes Wasser (1/4 l)
- 125 g Schlagsahne
- 150 g Puderzucker
- 20 g Kakaopulver
- 2 – 3 EL Wasser
- 1 Würfel Kokosfett (25 g)
- Liebesperlen zum Verzieren

1. Das Eigelb mit dem Wasser, dem Zucker und 1 Prise Salz dickcremig schlagen.
2. Die Eiweiß zu steifem Schnee schlagen und auf die Eigelbcreme geben.
3. Das Mehl mit der Speisestärke und dem Backpulver mischen und auf den Eischnee sieben. Alles mit dem Schneebesen vorsichtig unterheben.
4. Den Teig in die Papierbackförmchen füllen – am besten mit einem Spritzbeutel mit glatter Tülle.
5. Im vorgeheizten Backofen 12 – 15 Min. backen. Die Törtchen abkühlen lassen.
6. Inzwischen für die Füllung das Götterspeisenpulver zusammen mit dem Zucker in das kochende Wasser geben, gut verrühren und halbsteif werden lassen.
7. Die Schlagsahne steif schlagen, unter die Götterspeise heben und fast steif werden lassen.
8. Die Creme in einen Spritzbeutel mit Sterntülle füllen.
9. Die Törtchen aus den Förmchen nehmen und einmal durchschneiden. Die unteren Hälften mit der Füllung bespritzen. Fest werden lassen.
10. Aus Puderzucker, Kakao, Wasser und dem geschmolzenen Kokosfett einen Guß rühren. Die oberen Törtchenhälften damit beziehen. Schräg auf die Creme setzen.
11. Liebesperlen als Augen in den noch feuchten Guß drücken.

Ergibt ca. 16 Stück.

Vorbereitungszeit: ca. 45 Min.
Backzeit: 12 – 15 Min.
E-Herd: 200 °C/G-Herd: Stufe 3
Pro Törtchen: 852 kJ/203 kcal

Kekstorte mit Kokosraspel

- 250 g Kokos-Plattenfett
- 2 Eier
- 150 g Puderzucker
- 2 EL Zitronensaft
- 150 g Kokosraspel
- Backpapier für die Form
- etwa 25 Braune Kuchen (eckige Kekse)
- Geleefrüchte zum Verzieren

1. Das Kokosfett schmelzen und wieder abkühlen lassen.
2. Die Eier und den Puderzucker in eine Schüssel geben, schaumig rühren. Den Zitronensaft und die Kokosraspel unterrühren.
3. Das flüssige Kokosfett nach und nach unterrühren.
4. Eine Kastenform (Länge 20 cm) mit Backpapier auslegen. Abwechselnd die Kokosmasse und die Braunen Kuchen einfüllen. Die obere Schicht sollte Kokosmasse sein.
5. Die Kekstorte mit Geleefrüchten verzieren und im Kühlschrank mindestens 1/2 Tag durchziehen lassen.

Ergibt ca. 25 Scheiben.

Zubereitungszeit: 15 Min.
Pro Scheibe ca. 718 kJ/171 kcal

Nuß-Geburtstagskuchen

- 250 g Margarine
- 200 g Zucker
- 1 P. Vanillinzucker
- 4 Eier
- 250 g gemahlene Haselnußkerne
- 250 g Mehl
- 3 TL Backpulver
- Margarine für die Form
- Puderzucker zum Bestäuben
- 1 Kerze, Band, Schokoladenplätzchen

1. Die Margarine, den Zucker und den Vanillinzucker in eine Schüssel geben und schaumig rühren. Die Eier nacheinander unterrühren und so lange weiterrühren, bis der Zucker aufgelöst ist.
2. Die Nüsse, das Mehl und das Backpulver mischen und unterrühren.
3. Eine Napfkuchenform mit Margarine ausfetten, den Teig einfüllen und im vorgeheizten Backofen 50 – 60 Min. backen. Abkühlen lassen.
4. Den Kuchen auf eine Platte legen, eine Kerze in die Mitte setzen. Mit Band dekorieren. Schokoladenplätzchen auf die Platte streuen.

Ergibt ca. 24 Stück.

Vorbereitungszeit: ca. 25 Min.
Backzeit: 50–60 Min
E-Herd: 180 °C/G-Herd: Stufe 2
Pro Stück ca. 1010 kJ/240 kcal

Vollkorn-Rosinen-Brötchen

Für 15 Brötchen

- 450 g feinst geschroteter Weizen (Reformhaus)
- 1 P. Trockenhefe
- ca. 250 ml lauwarme Milch (1/4 l)
- 3 EL Honig
- 1 Becher saure Sahne (150 ml)
- 1 Ei, 1 Prise Meersalz
- 150 g Rosinen
- Margarine für das Blech
- 50 g Margarine zum Bestreichen
- ca. 150 g Nußfettcreme

1. Das Weizenschrot in einer Schüssel mit der Trockenhefe mischen.
2. Die Milch, den Honig, die saure Sahne, das Ei und 1 Prise Meersalz dazugeben und alles mit den Knethaken des Handrührgerätes zu einem glatten Teig verkneten. Die Rosinen unterkneten.
3. Den Teig am warmen Ort bis zur doppelten Größe aufgehen lassen.
4. Den Teig nochmals durchkneten, zu einer dicken Rolle formen und in 15 Scheiben schneiden.
5. Ein Backblech mit Margarine einfetten. Aus den Teigscheiben Brötchen formen, auf das Blech legen und nochmals ca. 20 Min. aufgehen lassen.
6. Die Margarine zerlassen. Die Brötchen damit einpinseln und im vorgeheizten Backofen 15 – 20 Min. backen. Abkühlen lassen.
7. Die Brötchen aufschneiden, mit Nußfettcreme bestreichen und in Plastiktüten verpacken.

Vorbereitungszeit: ca. 30 Min.
Backzeit: 15 – 20 Min.
E-Herd: 200 °C/G-Herd: Stufe 3
Pro Brötchen ca. 1101 kJ/262 kcal

Kräuterquark

Für 1 Portion

- 1 EL Sonnenblumenkerne, gekeimt (dauert 2 1/2 Tage)
- 1 Möhre (80 g)
- 80 g Speisequark (20%)
- ca. 75 ml Milch
- 1/2 TL Honig, Meersalz
- Paprikapulver, edelsüß
- 1 EL gehackte Kräuter (Dill, Schnittlauch)

1. Die Sonnenblumenkerne 12 Std. einweichen. Die Keimzeit dauert dann noch etwa 2 Tage.
2. Die Möhre schälen und raspeln.
3. Den Quark mit der Milch, Honig, Meersalz, Paprikapulver und den Kräutern verrühren. Die gekeimten Sonnenblumenkerne untermischen.
4. Den Quark in ein Gefäß füllen und die Möhrenraspel darauf geben. Gut verschließen.
5. Einen Löffel mit einpacken.

Zubereitungszeit: ca. 10 Min. (ohne Keimzeit)
Insgesamt ca. 1315 kJ/313 kcal

Pfirsichquark mit Pistazien

Für 1 Portion

- 80 g Speisequark (20%)
- ca. 75 ml Milch
- 1 TL Honig
- 1 Msp. Naturvanille
- 1 reifer Pfirsich
- 1 TL Pistazienkerne

1. Den Speisequark mit der Milch, dem Honig und der Vanille verrühren.
2. Den Pfirsich mit kochendem Wasser überbrühen, enthäuten, halbieren und entsteinen. Die Hälften in dünne Spalten schneiden.
3. Die Pfirsichspalten unter den Quark rühren. In ein Gefäß füllen und mit Pistazien bestreuen.
4. Dazu einen Löffel mitgeben.

Zubereitungszeit: 10 – 15 Min.
Insgesamt ca. 1046 kJ/249 kcal

Spieß mit Trockenfrüchten

Für 1 Portion

80 g gemischte Trockenfrüchte
Spießchen
Klarsichtfolie, evtl. buntes Band

1. Die Trockenfrüchte in bunter Reihenfolge auf Spießchen stecken.
2. In Klarsichtfolie verpacken. Evtl. mit hübschen Bändern zubinden.

Zubereitungszeit: ca. 10 Min.
Insgesamt ca. 903 kJ/215 kcal

Curry-Reis-Salat

Für 4 Portionen

350 g Langkorn-Naturreis
Meersalz, 1/2 frische Ananas
3 Bananen (450 g)
50 g getrocknete Weinbeeren
50 g Mandelstifte
2 Becher Joghurt (je 150 g)
1 EL Currypulver, Senfpulver
1 EL Honig, 4 EL Zitronensaft

1. Den Reis in kochendes Salzwasser geben und in ca. 30 Min. garen. Abgießen und mit kaltem Wasser abspülen. Abkühlen lassen.
2. Die Ananas halbieren, schälen und den Kern herausschneiden. Die Bananen schälen. Beides in kleine Stücke schneiden.
3. Den Reis mit Ananas, Bananen, Weinbeeren und Mandeln mischen.
4. Den Joghurt mit Currypulver, Honig, Zitronensaft, Meersalz und Senfpulver verrühren, abschmecken.
5. Die Salatzutaten mit der Sauce vermengen und durchziehen lassen.
6. Den Salat in Gläser füllen und gut verschließen.

Zubereitungszeit: ca. 60 Min.
Pro Portion ca. 2730 kJ/650 kcal

Nudelsalat mit Sonnenblumenkernen

Für 8 Portionen

500 g Vollkornhörnchen
Salz
2 Zwiebeln
2 Bund Radieschen
1/2 Salatgurke
2 Äpfel
4 EL Weinessig
2 – 3 EL Wasser
Meersalz, 2 TL Senf
1/2 TL Birnensaftkonzentrat (Reformhaus)
8 EL Sonnenblumenöl
2 EL Schnittlauchröllchen
2 EL Sonnenblumenkerne

1. Die Hörnchen in kochendes Salzwasser geben und nach Packungsanleitung garen. Abgießen, mit kaltem Wasser abspülen und abkühlen lassen.
2. Die Zwiebeln schälen und würfeln. Die Radieschen putzen, waschen und in Scheiben schneiden. Die Gurke und die Äpfel waschen, die Äpfel entkernen. Beides in Würfel schneiden.
3. Für die Salatsauce den Weinessig, Wasser, etwas Meersalz, das Birnensaftkonzentrat und das Sonnenblumenöl verrühren. Den Schnittlauch dazugeben.
4. Alle Zutaten mit der Salatsauce vermischen. Den Salat etwas durchziehen lassen.
5. Den Salat in ein Glas füllen und die Sonnenblumenkerne darüber streuen. Gut verschließen.
Dazu frisches Gemüse, z.B. Möhren, Gurken, Radieschen mitnehmen.

Zubereitungszeit: ca. 30 Min.
Pro Portion ca. 2730 kJ/650 kcal

Kartoffelsalat
Für 6 Portionen

- 1 kg gegarte Salatkartoffeln
- 250 g kleine Tomaten
- 1 Glas Gurkenscheiben in Dill (Abtropfgewicht 340 g)
- 1 Zwiebel, 1 Bund Schnittlauch
- 250 g Mayonnaise (50%)
- 1 TL Senf, Salz, Pfeffer

1. Die Kartoffeln pellen und in Scheiben schneiden. Die Tomaten waschen, vierteln und entkernen.
2. Die Gurkenscheiben abgießen und abtropfen lassen.
3. Die Zwiebel schälen, fein würfeln.
4. Den Schnittlauch waschen, trockentupfen und mit der Schere in Röllchen schneiden.
5. Die Mayonnaise mit Senf, Salz und Pfeffer würzen. Mit allen vorbereiteten Zutaten gut vermischen.
6. Den Salat ca. 1 Std. durchziehen lassen. Nochmals abschmecken und anrichten.

Zubereitungszeit: ca. 25 Min.
Pro Portion ca. 1394 kJ/332 kcal

Rostbratwürstl vom Grill
Für 5 Portionen

- 20 Rostbratwürstel, frisch oder TK (je 50 g)
- Gewürztes Grill-Öl zum Bepinseln
- Tomatenketchup

1. Die Rostbratwürstl – TK-Würstchen etwas antauen lassen – mit Grillöl bepinseln.
2. Auf dem Grill in 8 – 10 Min. von allen Seiten appetitlich bräunen.
3. Dazu Tomatenketchup servieren.

Vorbereitungszeit: ca. 5 Min.
Garzeit: 8 – 10 Min.
Pro Portion ca. 3253 kJ/774 kcal

Partyspießchen
Für 6 Portionen

- 20 g durchwachsener Speck
- 2 Zwiebeln, 2 Brötchen
- 500 g gemischtes Hackfleisch
- 250 g Beefsteakhack
- 2 Eier, Salz, Pfeffer
- Fett zum Fritieren
- Cornichons und Tomaten
- Partyspießchen, Ketchup

1. Den Speck und die geschälte Zwiebel fein würfeln. Kurz durchdünsten und abkühlen lassen.
2. Die Brötchen einweichen.
3. Das Hackfleisch und das Beefsteakhack in eine Schüssel geben. Die Eier, das Speck-Zwiebelgemisch, die gut ausgedrückten Brötchen und die Gewürze dazugeben. Alles mit den Knethaken des Handrührgerätes gut verkneten.
4. Das Fritierfett auf 180 °C erhitzen.
5. Aus dem Hackteig kleine Bällchen formen und im heißen Fett partieweise etwa 3 Min. fritieren. Abtropfen und abkühlen lassen.

6. Ein Stück Cornichon und einen Tomatenschnitz auf ein Spießchen schieben und die Spießchen in die Bällchen stecken.
7. Dazu Tomatenketchup servieren.

Vorbereitungszeit: ca. 25 Min.
Garzeit: ca. 3 Min. je Einlage
Pro Portion ca. 2168 kJ/516 kcal

Roter Durstlöscher

Für ca. 6 Gläser

- 1 l Malventee
- ca. 3 EL Sanddorn mit Honig (Reformhaus), Saft 1 Zitrone
- 1 Prise Zimt, 1 Prise Nelken
- 4 – 5 Zitronenscheiben
- evtl. etwas Mineralwasser

1. Den Malven-Tee mit Sanddorn, Zitronensaft und den Gewürzen abschmecken.
2. Die Zitronenscheiben in einen Krug geben, den Tee darauf gießen. Gut durchkühlen lassen.
3. Vor dem Servieren evtl. mit Mineralwasser auffüllen.

Zubereitungszeit: ca. 5 Min.
Pro Glas ca. 126 kJ/30 kcal

Tee-Bowle

Für ca. 12 Gläser

- 1 1/2 l schwarzer Tee, Eiswürfel
- 1 Dose Ananas in Stücken (Abtropfgewicht 440 g)
- 1 EL Honig, Saft 1 Zitrone

1. Den Tee gut kühlen.
2. Die Ananasstücke mit dem Saft dazugeben.
3. Die Bowle mit Honig und Zitronensaft abschmecken.
4. In ein Bowlengefäß füllen und Eiswürfel dazugeben.

Zubereitungszeit: ca. 10 Min.
Pro Glas ca. 167 kJ/40 kcal

Apfeltee-Bowle

Für ca. 8 Gläser

- 7 TL Apfeltee
- 1 1/2 l kochendes Wasser
- 1/2 unbehandelte Zitrone
- Apfeldicksaft zum Abschmecken (Reformhaus)
- 1 Apfel
- Eiswürfel

1. Den Apfeltee mit kochendem Wasser aufbrühen, die halbe Zitrone dazugeben. Ca. 10 Min. ziehen lassen.
2. Den Tee abgießen und gut abkühlen lassen. Mit Apfeldicksaft abschmecken.
3. Den Apfel waschen, vierteln, entkernen und in dünne Scheiben schneiden.
4. Die Apfelscheiben in ein Bowlengefäß geben. Den Tee darauf gießen, Eiswürfel hineingeben.

Zubereitungszeit: ca. 10 Min.
Pro Glas ca. 74 kJ/18 kcal

Melissentee

Für ca. 6 Gläser

- 2 EL getrocknete Melisseblätter
- 1 l kochendes Wasser
- Saft 1 Zitrone
- 2 EL Lindenblütenhonig (Reformhaus)
- 4 – 5 Zitronenscheiben
- Eiswürfel
- frische Melisseblättchen

1. Die Melisseblätter mit kochendem Wasser aufbrühen und ca. 5 Min. ziehen lassen. Den Tee abgießen und abkühlen lassen.
2. Den Melissentee mit Zitronensaft und Honig abschmecken.
3. Zitronenscheiben und Eiswürfel in ein Gefäß geben, den Tee darüber gießen und mit frischen Melisseblättchen garnieren.

Zubereitungszeit: ca. 10 Min.
Pro Glas ca. 84 kJ/20 kcal

Kartoffelsalat

Für 4 Portionen

500 g gekochte Kartoffeln
1/2 Salatgurke, Salz
2 mittelgroße Karotten (150 g)
125 g leichte Salatcreme
2 EL saure Sahne, Pfeffer
50 g Sojasprossen

1. Die Kartoffeln pellen, in dünne Scheiben schneiden.
2. Die Salatgurke waschen, evtl. schälen, in Scheiben schneiden oder hobeln. Die Scheiben mit wenig Salz bestreuen und etwas durchziehen lassen.
3. Die Karotten putzen, waschen und fein raspeln.
4. Die Salatcreme mit der sauren Sahne verrühren, mit Salz und Pfeffer würzen.
5. Die Gurkenscheiben leicht ausdrücken (damit sie im Salat nicht mehr so viel Wasser ziehen). Die Sprossen waschen und trockentupfen. Alle vorbereiteten Zutaten miteinander vermischen. Den Salat 15 Min. durchziehen lassen. Anrichten.

Zubereitungszeit: ca. 20 Min.
Pro Portion ca. 827 kJ/197 kcal

Bunter Reissalat

Für 4 Portionen

1 Beutel Langkorn-Reis (250g)
1 Prise Safranpulver
2 EL Zitronensaft
Salz, Pfeffer, 2 Paprikaschoten
250 g leichte Salatcreme
2 EL Kapern aus dem Glas

1. Den Reis nach Anleitung auf der Packung kochen, abtropfen lassen.
2. Den Reis in eine Schüssel geben und mit dem Safranpulver, Zitronensaft, Salz und Pfeffer mischen. Etwas durchziehen lassen.
3. Die Paprikaschoten halbieren, entkernen, waschen und in kleine Würfel schneiden. Den Paprika mit kochendem Wasser übergießen, kurze Zeit stehen lassen. Abgießen und abtropfen lassen.
4. Alle vorbereiteten Salatzutaten mischen, die Salatcreme und die Kapern leicht unterziehen.
5. Den Salat ca. 30 Min. durchziehen lassen. Anrichten.

Zu diesen Salaten passen Würstchen, gekochte Eier oder Frikadellen.

Zubereitungszeit: ca. 15 Min.
Pro Portion ca. 1700 kJ/405 kcal

Party-Salat

Für 4 Portionen

500 g gekochte Kartoffeln
125 g gekochter Schinken
1 Bund Radieschen (ca. 10 St.)
125 g Salatcreme
3 EL Trinkmilchjoghurt
1 Prise Salz, 1 Prise Pfeffer
1 Bund Schnittlauch
1 kleines Brühwürstchen
1 hartgekochtes Ei
etwas Porreegrün

1. Die Kartoffeln pellen und in Scheiben schneiden. Den Schinken in Streifen schneiden.
2. Die Radieschen putzen, waschen, 1 Radieschen zurücklegen, die übrigen grob raspeln. Die vorbereiteten Zutaten mischen.
3. Die Salatcreme mit dem Joghurt und den Gewürzen verrühren und unter die Salatzutaten mischen. Ca. 30 Min. durchziehen lassen. Anrichten.
4. Schnittlauch waschen, trockentupfen und die Hälfte in Röllchen schneiden, über den Salat streuen. Den restlichen Schnittlauch zweimal durchschneiden und als „Haar" für das Gesicht auf den Salat legen.
5. Das Würstchen halbieren, das Ei pellen und halbieren. Das Würstchen als Mund, die Eier als Augen und das Radieschen als Nase auf den Salat legen. Aus dem Porreegrün eine Schleife formen und dazulegen.

Zubereitungszeit: ca. 25 Min.
Pro Portion ca. 1490 kJ/358 kcal

Zitronen-Eis-Tee

Für ca. 10 Gläser

1 Bund Melisse
2 l Wasser, 4 EL milder Honig
Saft von ca. 4 unbehandelten Zitronen, Eiswürfel
1 ungespritzte Zitrone

1. Die Melisse waschen. Einige Blätter für die Garnitur zurücklegen. Die übrige Melisse mit kochendem Wasser überbrühen, ziehen lassen.
2. Den Tee abgießen, gut durchkühlen lassen.
3. Den Honig unterrühren, Zitronensaft dazugeben und den Tee abschmecken.
4. Die übrige Zitrone waschen und in sehr feine Schnitze schneiden. Zusammen mit den Eiswürfeln in den Tee geben.
5. Mit Melissenblättern garnieren.

Zubereitungszeit: ca. 10 Min.
Pro Glas ca. 84 kJ/20 kcal

Apfel-Erfrischungsdrink

Für ca. 10 Gläser

- 1 unbehandelte Orange
- 1 Zimtstange, 5 Nelken
- 1 Prise Pimentpulver
- 1 TL Korianderkörner
- 2 Flaschen naturtrüber Apfelsaft (je 0,75 l)
- 1/2 Flasche Orangensaft (ca. 0,35 l)
- 1 Flasche Mineralwasser mit Kohlensäure (0,33 l)

1. Die Orange waschen, und die Schale dünn (ohne die weiße Haut) spiralförmig abschälen.
2. Die Schale (etwas zum Garnieren zurücklassen), die Zimtstange, die übrigen Gewürze und 1/2 Flasche Apfelsaft zusammen aufkochen. Durch ein Sieb gießen und kalt werden lassen.
3. Den gewürzten Saft mit dem restlichen Apfelsaft, dem Orangensaft und dem Saft der ausgepreßten Orange verrühren. Nochmals gut durchkühlen lassen.
4. Das Getränk in einen Krug füllen, mit Mineralwasser auffüllen und mit Orangenschalen garnieren.

Zubereitungszeit: ca. 10 Min.
Pro Glas ca. 288 kJ/64 kcal

Kakao-Nuß-Getränk

Für ca. 12 Gläser

- 6 EL Kakaoschalen-Tee (Reformhaus)
- 2 1/2 l Wasser
- 3 EL Haselnußmus
- 1 TL Naturvanille
- 3 EL Ahornsirup
- 100 g Schlagsahne
- 1/2 TL Zimt

1. Die Kakaoschalen mit kaltem Wasser aufsetzen und aufkochen lassen. Von der Kochstelle nehmen und 10 – 15 Min. ziehen lassen.
2. Den Tee abgießen und etwas abkühlen lassen. Mit dem Nußmus verrühren, gut durchkühlen lassen.
3. Den Kakaoschalen-Tee mit Vanille, Ahornsirup und flüssiger Schlagsahne verrühren und abschmecken.
4. Das gut gekühlte Getränk mit Zimt bestäuben und servieren.

Zubereitungszeit: ca. 10 Min.
Pro Glas ca. 306 kJ/73 kcal

Exotik-Drink

Für ca. 10 Gläser

- 1 Flasche Passionsfrucht (0,75 l)
- 3 EL Mangovollfrucht (Reformhaus)
- 2 EL Birnensaftkonzentrat
- Saft von 2 – 3 unbehandelten Zitronen
- 1 Limette
- Eiswürfel
- 1 Flasche Mineralwasser mit Kohlensäure (0,75 l)

1. Die Passionsfrucht mit der Mangovollfrucht, dem Birnensaftkonzentrat und Zitronensaft vermischen, abschmecken.
2. Die Limette waschen, in dünne Scheiben schneiden und in einen Krug geben.
3. Den Fruchtsaft darauf gießen, Eiswürfel hinzufügen und mit Mineralwasser auffüllen.

Zubereitungszeit: 5 – 10 Min.
Pro Glas ca. 140 kJ/34 kcal

BACKEN

Selbstgebackenes ist nicht nur für Sonn- und Feiertage, Ostern oder Weihnachten gedacht. Ein Kastenkuchen, ein Napfkuchen, ein frischer Obstkuchen vom Blech und immer wieder Plätzchen sind auch und besonders im Alltag jederzeit willkommen, z. B. zum Anbieten, wenn die halbe Klasse für die Mathearbeit büffelt, oder zum Mitnehmen, wenn im Kindergarten ein Fest gefeiert wird. Als kleine Stärkung am Nachmittag sind besonders die Vollkornkekse geeignet. Für festliche Anlässe werden die Ansprüche höher geschraubt. Da gibt es dann bunt belegte Obsttorten oder eine kunstvoll verzierte Clown-Torte. Dazu darf man getrost die Kinder um Hilfe bitten. Sie sind ja schon im Sandkasten begabte Bäcker. Und ihnen gelingen aus Zuckerguß, Bonbons und anderem Gebäckschmuck die lustigsten Verzierungen und Dekorationen. Außerdem sind sie sehr kreativ, wenn es ans Backen, Basteln und Verpacken von sehr persönlichen Geschenken geht. Backen ist aber nicht nur „einfach süß“. Es gibt auch eine herzhafte Seite mit kernigem Kleingebäck. Unser Tip hier kann nur lauten: die nächsten Seiten betrachten, Appetit holen, Rezept aussuchen, Vorräte prüfen – auf ein gutes Gelingen!

Vollkornwaffeln mit Kirschen

Das brauchst Du für
8 Waffeln:

Für den Teig:
300 g Weizenvollkornmehl
1/2 Päckchen Trockenhefe
1 Msp. Salz
125 g geschmolzene Butter
300 ml lauwarme Milch
2 Eier
3 EL flüssigen Honig

Außerdem:
etwas Öl zum Einfetten des Waffeleisens
125 g Schlagsahne
1 TL Vanillezucker
500 g entsteinte Kirschen, frisch oder aus dem Glas

Das stellst Du bereit:
1 Rührschüssel
1 Eßlöffel
1 Handrührgerät mit 1 Rührbesen
1 Waffeleisen
1 Pinsel
1 kleine Schöpfkelle
1 hohen Becher zum Schlagen der Schlagsahne
Küchenpapier

1. Mehl, Trockenhefe und Salz in die Schüssel geben und mischen.

2. Geschmolzene Butter, lauwarme Milch, Eier und Honig dazugeben. Mit dem Rührbesen des Handrührgerätes glattrühren.

3. Den Teig aufgehen lassen, bis er doppelt so viel ist.

4. Das Waffeleisen vorheizen. Mit wenig Öl auspinseln.

5. Eine kleine Schöpfkelle voll Teig einfüllen, das Waffeleisen schließen. Vorsicht, es entweicht heißer Dampf! Den Teig etwa 5 Minuten backen.

6. Die Waffeln herausnehmen, auf Küchenpapier etwas abkühlen lassen.

7. Die Schlagsahne und Vanillezucker in den Becher geben und steif schlagen.

8. Die Waffeln mit den entsteinten Kirschen belegen.

9. Einen Eßlöffel voll Schlagsahne darauf geben.
Pro Waffel ca. 1708 kJ/407 kcal

Aprikosenkuchen

- 1 kg Aprikosen
- 1 P. Backmischung „Fruchtiger Vollkornkuchen“
- 100 g Margarine
- 3 Eier
- 5 – 6 EL Wasser
- Backpapier für das Blech
- 3 EL Honig
- 2 EL Orangensaft
- 50 g gestiftelte Mandeln

1. Die Aprikosen kurze Zeit in kochendes Wasser legen, dann mit kaltem Wasser abspülen und häuten. Die Früchte halbieren und entsteinen.
2. Die Backmischung nach Anleitung auf der Packung mit Margarine, Eiern und Wasser zubereiten (Topping-Mix mit in den Teig rühren).
3. Ein Backblech mit Backpapier auslegen, den Teig darauf streichen.
4. Die Aprikosen mit der Schnittfläche nach oben auf dem Teig verteilen.
5. Den Honig mit dem Orangensaft verrühren, die Früchte damit bepinseln. Die Mandeln darüber streuen.
6. Den Kuchen im vorgeheizten Backofen ca. 40 Min. backen.

Ergibt ca. 24 Stück.

Vorbereitungszeit: ca. 30 Min.
Backzeit: ca. 40 Min.
E-Herd: 180 °C/G-Herd: Stufe 2
Pro Stück ca. 634 kJ/151 kcal

Rote-Grütze-Kuchen

- 1 P. Backmischung „Obstkuchen-Teig“
- 250 g Margarine
- 2 Eier
- 4 EL Wasser
- abgeriebene Schale 1 unbehandelten Zitrone
- Backpapier für das Blech
- 1 kg gemischtes Obst (z.B. Himbeeren, Johannisbeeren, Brombeeren, Heidelbeeren)
- oder 3 P. TK-Beeren-Cocktail (je 300 g)
- 1 P. Tortenguß, klar
- 250 ml Wasser oder Fruchtsaft (1/4 l)
- 2 EL Zucker
- 100 g Haselnußblättchen

1. Die Backmischung nach Anleitung auf der Packung mit der Margarine, den Eiern und dem Wasser zubereiten. Die Zitronenschale unterrühren.
2. Ein Backblech mit Backpapier auslegen, und den Teig darauf verteilen, glattstreichen.
3. Im vorgeheizten Backofen 30 – 40 Min. backen. Den Boden auskühlen lassen.
4. Die Früchte waschen, putzen, abtropfen lassen. TK-Früchte auftauen und abtropfen lassen.
5. Das Obst auf dem gebackenen Boden verteilen.
6. Den Tortenguß nach Anleitung auf der Packung mit dem Wasser und dem Zucker zubereiten, über das Obst geben. Haselnußblättchen darüber streuen.

Ergibt ca. 24 Stück.

Vorbereitungszeit: ca. 30 Min.
Backzeit: 30 – 40 Min.
E-Herd: 180 °C/G-Herd: Stufe 2
Pro Stück ca. 598 kJ/142 kcal

Obsttorteletts

- 1 P. Backmischung „Buttermilch-Obstkuchenteig"
- 100 g Margarine
- 2 Eier, 2 EL Wasser
- Margarine für die Förmchen
- 5 Pfirsiche
- 250 g rote Johannisbeeren
- 1 P. Tortenguß, klar
- 250 ml Obstsaft (1/4 l), z.B. Pfirsichsaft
- 2 EL Zucker

1. Die Backmischung nach Anleitung auf der Packung mit der Margarine, den Eiern und dem Wasser zubereiten.
2. 10 Tortelett-Förmchen (ø 10 cm) mit Margarine ausfetten. Den Teig einfüllen, glattstreichen und im vorgeheizten Backofen 15 – 20 Min. backen.
3. Die Torteletts aus den Förmchen lösen und auskühlen lassen.
4. Die Pfirsiche mit kochendem Wasser überbrühen, kalt abspülen und enthäuten. Die Früchte halbieren, entsteinen, die Hälften hauchdünn fächerartig einschneiden.
5. Die Johannisbeeren waschen und von den Rispen streifen.
6. Jedes Tortelett mit einer Pfirsichhälfte und Johannisbeeren belegen.
7. Den Tortenguß nach Anleitung auf der Packung mit dem Obstsaft und dem Zucker zubereiten. Das Obst damit überziehen.

Ergibt ca. 10 Stück.

Vorbereitungszeit: ca. 25 Min.
Backzeit: 15 – 20 Min.
E-Herd: 180 °C/G-Herd: Stufe 2
Pro Stück ca. 1057 kJ/252 kcal

Ernährungstip

Johannisbeeren – neben roten Früchten gibt es auch schwarze und weißgelbe. Sie sind reich an Vitamin C und Mineralstoffen und können natürlich nach Belieben gemischt werden.

Kirschenmichel

- 1 P. Backmischung „5-Korn-Haselnuß-Kuchen"
- 100 g Margarine
- 3 Eier, 3 EL Wasser
- Margarine für die Form
- 750 g entsteinte Sauerkirschen (frisch oder aus dem Glas)
- 2 EL Puderzucker

1. Backmischung nach Anleitung auf der Packung mit der Margarine, den Eiern und dem Wasser zubereiten. Auch die beiliegende Glasurmischung und das Topping unter den Teig rühren.
2. Eine Springform (ø 26 cm) ausfetten. Den Teig einfüllen, glattstreichen. Die gut abgetropften Kirschen auf dem Teig verteilen. Im vorgeheizten Backofen ca. 40 Min. backen.
3. Den Kuchen abkühlen lassen. Vor dem Servieren mit Puderzucker bestäuben.

Ergibt ca. 12 Stück.

Vorbereitungszeit: ca. 15 Min.
Backzeit: ca. 40 Min.
E-Herd: 180 °C/G-Herd: Stufe 2
Pro Stück ca. 1178 kJ/280 kcal

Palmin-Kekstorte

175 g Kokosfett (Plattenfett)
2 Eier
150 g Puderzucker
1 Prise Salz
40 g Kakaopulver
1 TL Pulverkaffee
1 EL heißes Wasser
40 g gemahlene Mandeln
Backpapier für die Form
etwa 25 Butterkekse
Außerdem:
Geleefrüchte und Mandeln zum Verzieren

1. Das Kokosfett schmelzen und abkühlen lassen.
2. Die Eier mit dem Puderzucker, Salz und Kakao schaumig rühren.
3. Den Pulverkaffee mit Wasser verrühren und zusammen mit den Mandeln unter die Crememasse mengen.
4. Das noch flüssige Kokosfett nach und nach unterrühren.
5. Eine Kastenform (Länge 20 cm) mit Backpapier auslegen.
6. Abwechselnd eine Schicht Schokoladenmasse und nebeneinandergelegte Kekse einfüllen. Die obere Schicht sollte Schokoladencreme sein.
7. Die Kekstorte mit Mandeln und Geleefrüchten verzieren, solange die Masse noch weich ist.

Ergibt ca. 20 Scheiben.

Zubereitungszeit: ca. 20 Min.
Pro Scheibe ca. 746 kJ/178 kcal

Quark-Napfkuchen

75 g Mandelstifte
75 g Korinthen
150 g Butter oder Margarine
200 g Zucker
2 Eier
200 g Magerquark
300 g Mehl
1 P. Backpulver
1 Prise Salz
abgeriebene Schale 1 unbehandelten Zitrone
3 EL Milch
60 g Pistazienkerne
Fett und Paniermehl für die Form
2 EL Puderzucker

1. Die Mandelstifte in einer trockenen Pfanne hellbraun rösten, abkühlen lassen.
2. Die Korinthen waschen und trockentupfen.
3. Das Fett, den Zucker und die Eier in eine Schüssel geben und mit den Schneebesen des Handrührgerätes schaumig rühren.
4. Den Quark unterrühren.
5. Das Mehl mit dem Backpulver und Salz mischen und nach und nach untermengen. Die Milch, die Mandeln, Pistazien, Zitronenschale und die leicht gemehlten Korinthen unter den Teig rühren.
6. Eine Napfkuchenform (ø 22 cm) ausfetten und mit Paniermehl ausstreuen. Den Teig einfüllen und im vorgeheizten Backofen ca. 60 Min. backen. Abkühlen lassen.
7. Den Kuchen mit dem Puderzucker bestäuben.

Ergibt ca. 16 Scheiben.

Vorbereitungszeit: ca. 25 Min.
Backzeit: ca. 60 Min.
E-Herd: 180 °C/G-Herd: Stufe 2
Pro Scheibe ca. 1227 kJ/292 kcal

Mohnkuchen

Ergibt 2 kleine Kuchen

250 g Butter oder Margarine
200 g Zucker
4 Eier, 1 Prise Salz
Mark 1 Vanilleschote
500 g Weizenmehl, Type 1050
1 P. Backpulver
125 ml Milch (1/8 l)
1 P. Mohnback (250 g)
100 g Marzipanrohmasse
125 g Rosinen
Fett und Mohn für die Form

1. Die Butter oder Margarine, den Zucker, die Eier, Salz und Vanillemark in eine Schüssel geben und mit den Schneebesen des Handrührgerätes schaumig rühren.
2. Das Mehl mit dem Backpulver mischen und abwechselnd mit der Milch unterrühren.
3. Den Mohn zum Teig geben.
4. Die Marzipanrohmasse in Würfel schneiden. Die Rosinen waschen, trockentupfen und leicht mehlen. Beides unter den Teig rühren.
5. Zwei kleine Napfkuchenformen (ø 16 cm) ausfetten und gleichmäßig mit Mohn ausstreuen. Den Teig einfüllen.
6. Im vorgeheizten Backofen 50 – 60 Min. backen.

Jeder Kuchen ergibt ca. 8 Scheiben.

Vorbereitungszeit: ca. 20 Min.
Backzeit: 50 – 60 Min.
E-Herd: 180 °C/G-Herd: Stufe 2
Pro Scheibe ca. 1873 kJ/446 kcal

Nußkuchen mit Buchweizenmehl

5 Eier, getrennt
175 g Butter oder Margarine
200 g brauner Zucker
1 P. Vanillinzucker
300 g feines Weizenschrot
150 g Buchweizenmehl
1 P. Backpulver
375 ml Milch (3/8 l)
200 g gemahlene Haselnußkerne
Margarine oder Butter für die Form

1. Das Eigelb mit weicher Butter oder Margarine, dem Zucker und Vanillinzucker schaumig rühren.
2. Das Weizenschrot und das Buchweizenmehl mit Backpulver mischen. Abwechselnd mit der Milch nach und nach unterrühren. Die Nüsse unter den Teig heben.
3. Eine Napfkuchenform mit Margarine oder Butter ausfetten.
4. Das Eiweiß zu steifem Schnee schlagen und mit dem Schneebesen vorsichtig unter den Teig heben. In die Napfkuchenform füllen und im vorgeheizten Backofen ca. 70 Min. backen. (Sollte der Kuchen zu dunkel werden, mit Alufolie abdecken.)

Ergibt ca. 16 Stück.

Vorbereitungszeit: ca. 20 Min.
Backzeit: ca. 70 Min.
E-Herd: 180 °C/G-Herd: Stufe 2
Pro Stück ca. 1579 kJ/376 kcal

Ernährungstip

Buchweizen – aus botanischer Sicht keine Getreidesorte, sondern ein Knöterichgewächs. Die kleinen grauschwarzen Samen lassen sich jedoch ähnlich wie Getreide verarbeiten. So werden sie – z. B. mit Weizen kombiniert – zu feinem Mehl vermahlen. Der Name stammt von den dreieckigen Samen, die wie kleine Bucheckern aussehen.

Chinacräcker

- 4 Scheiben TK-Blätterteig (je 60 g)
- 1 EL süße Sojasauce
- 1/2 TL Sambal Oelek
- Chinagewürz
- 1 Eigelb, etwas Wasser
- 2 EL Sesamsamen
- Backpapier für das Blech

1. Den Blätterteig nach Anleitung auf der Packung auftauen lassen.
2. Jeweils 2 Platten an den Schmalseiten aneinanderlegen, und den Teig zu einem großen Rechteck (ca. 15 x 25 cm) ausrollen.
3. Die Sojasauce mit Sambal Oelek und dem Chinagewürz verrühren, und ein Rechteck damit bestreichen. Das zweite Rechteck darüber legen und gut festdrücken.
4. Das Eigelb mit etwas Wasser verquirlen, und die Teigoberfläche damit bestreichen, mit dem Sesamsamen bestreuen.
5. Die Teigränder geradeschneiden, und den Teig in ca. 2 – 3 cm große Rauten schneiden.
6. Ein Backblech mit Backpapier auslegen. Die Blätterteigrauten darauf legen und im vorgeheizten Backofen 6 – 8 Min. backen. Sofort vom Backpapier nehmen und abkühlen lassen.
Ergibt ca. 60 Stück.

Vorbereitungszeit: ca. 30 Min.
Backzeit: 6 – 8 Min.
E-Herd: 220 °C/G-Herd: Stufe 4
Pro Stück ca. 84 kJ/20 kcal

Ernährungstip

Blätterteig – ein Teig, der ohne Triebmittel – wie Hefe oder Backpulver zubereitet wird. Die blättrige Struktur des fertigen Gebäcks wird durch intensives Ausrollen und Zusammenfalten des Teiges erreicht, wobei eine große Menge an Butter oder Margarine verarbeitet wird. Eine Arbeitserleichterung: TK-Blätterteig.

Käseküchlein

- 1 Rolle gekühlter Fertigteig für Brötchen (250 g)
- 30 g Schafskäse
- 70 g Kräuter-Frischkäse
- 2 TL Schlagsahne
- Salz, Pfeffer
- 1 EL TK-gemischte Kräuter
- Backpapier für das Blech

1. Den Teig nach Anleitung auf der Packung aus der Dose lösen. Verkneten und zu einem Rechteck (ca. 25 x 15 cm) ausrollen. Die Teigplatte in kleine Quadrate (ca. 2,5 x 2,5 cm) schneiden.
2. Den Schafskäse fein zerbröckeln, mit dem Frischkäse und der Schlagsahne verrühren. Mit Salz und Pfeffer würzen und mit den Kräutern vermengen.
3. Ein Backblech mit Backpapier auslegen.
4. Die Quadrate darauf legen. Auf jedes Plätzchen etwas Käsemasse geben und im vorgeheizten Backofen 8 – 10 Min. backen.
5. Die Käseküchlein sofort vom Blech nehmen und abkühlen lassen.
Ergibt ca. 40 Stück.

Vorbereitungszeit: ca. 30 Min.
Backzeit: 8 – 10 Min.
E-Herd: 200 °C/G-Herd: Stufe 3
Pro Stück ca. 105 kJ/25 kcal

Minibrötchen

- 70 g Salami
- 30 g grüne Oliven ohne Stein
- 1 EL Tomatenmark
- Backpapier für das Blech
- 1 Rolle gekühlter Fertigteig für Brötchen (250 g)

1. Die Salami und die Oliven fein würfeln und mit dem Tomatenmark verrühren.
2. Ein Backblech mit Backpapier auslegen.
3. Den Teig nach Anleitung auf der Packung aus der Dose lösen, in fünf Scheiben teilen. Jede Scheibe vierteln.
4. Die Teigstückchen zu Kugeln formen und auf das Backblech legen. In jede Kugel eine Vertiefung drücken, und etwas von der Salamimasse hineingeben.
5. Den Teig über der Füllung zusammendrücken, und die Minibrötchen im vorgeheizten Backofen ca. 10 Min. backen. Abkühlen lassen.
Ergibt ca. 20 Stück.

Vorbereitungszeit: ca. 20 Min.
Backzeit: ca. 10 Min.
E-Herd: 200 °C/G-Herd: Stufe 3
Pro Stück ca. 210 kJ/50 kcal

Paprikastangen

- 4 Scheiben TK-Blätterteig (je 60 g)
- 1 EL Paprikamark (Fertigprodukt)
- 1 TL Knoblauchpaste
- 1/2 TL getrockneter Oregano
- Paprikapulver zum Bestäuben
- Backpapier für das Blech

1. Den Blätterteig nach Anleitung auf der Packung auftauen lassen.
2. Das Paprikamark mit der Knoblauchpaste und dem Oregano verrühren.
3. 2 Teigscheiben mit der Paste bestreichen, und jeweils eine unbestrichene Teigplatte darüber decken. Mit Paprikapulver bestäuben.
4. Ein Backblech mit Backpapier auslegen.
5. Die Teigplatten von der Schmalseite her in ca. 1 cm breite Streifen schneiden. Die Streifen zu Spiralen drehen, auf das Backblech legen und gut andrücken.
6. Die Paprikastangen im vorgeheizten Backofen 10 – 12 Min. backen. Abkühlen lassen.Ergibt ca. 20 Stück.

Vorbereitungszeit: ca. 20 Min.
Backzeit: 10 – 12 Min.
E-Herd: 220 °C/G-Herd: Stufe 4
Pro Stück ca. 210 kJ/50 kcal

Mohrenköpfe

Für den Teig:
4 Eier, 1 P. Vanillinzucker
125 g Zucker, 100 g Mehl
25 g Speisestärke
1 Msp. Backpulver
abgeriebene Schale
1 unbehandelten Zitrone
Fett für die Form

Für die Füllung:
100 g Nuß-Nougat

Für die Glasur:
100 g Halbbitter-Kuvertüre
1 Tube Fondant-Glasur „Vanille“

Zum Verzieren:
1 P. Zuckerstreusel
1 P. Zuckerschrift
1 P. Zuckerblümchen
1 P. Gebäckschmuck
Schokoladen-Dekor-Herzen
12 Papierförmchen

1. Die Eier schaumig schlagen. Den Vanillinzucker und Zucker einrieseln lassen und weiterschlagen, bis die Masse dickcremig ist.
2. Das Mehl mit der Speisestärke, Backpulver und der Zitronenschale mischen und vorsichtig unterrühren.
3. Eine Mohrenkopfform ausfetten. Die Hälfte des Teiges mit einem Löffel in die Vertiefungen füllen. Im vorgeheizten Backofen ca. 15 Min. backen. Den restlichen Teig in den Kühlschrank stellen.
4. Die fertigen Mohrenköpfe aus der Form nehmen und abkühlen lassen.
5. Den restlichen Teig ebenso backen, abkühlen lassen.
6. Den Nuß-Nougat im Wasserbad schmelzen. Die Mohrenköpfe im unteren Drittel einmal durchschneiden, mit dem Nuß-Nougat füllen.
7. Die Kuvertüre schmelzen, und die Hälfte der Mohrenköpfe damit beziehen, die andere Hälfte mit der Fondant-Glasur überziehen. Trocknen lassen.
8. Die Mohrenköpfe mit den angegebenen Zutaten beliebig verzieren und in Papierförmchen setzen.
Ergibt 12 Stück.

Vorbereitungszeit: ca. 45 Min.
Backzeit: ca. 15 Min.
E-Herd: 200 °C/G-Herd: Stufe 3
Pro Stück ca. 1044 kJ/249 kcal

Clown-Torte

Für den Teig:
250 g Margarine
200 g Zucker
4 Eier
abgeriebene Schale 1 unbehandelten Zitrone oder 1 Beutel Citro-back
250 g Mehl, 3 TL Backpulver
250 g gemahlene Haselnüsse
50 g Schokoladen-Streusel
Margarine für die Form
Für die Glasur:
2 Beutel helle Kuchenglasur (je 100 g)
1 P. Gebäckschmuck
1 P. Zuckerschrift
ca. 100 g Puderzucker
ca. 2 TL Zitronensaft

1. Margarine und Zucker schaumig rühren. Die Eier nacheinander dazugeben und cremig rühren. Die Zitronenschale hinzufügen.
2. Das Mehl mit Backpulver und den Haselnüssen mischen. Nach und nach unterrühren. Die Schokoladen-Streusel unterziehen.
3. Eine Springform (ø 24 cm) mit Margarine ausfetten, den Teig einfüllen, glattstreichen und im vorgeheizten Backofen 50 – 60 Min. backen.
4. Den Kuchen etwas abkühlen lassen. Aus der Form stürzen und völlig erkalten lassen.
5. Die Kuchenglasur im Wasserbad erwärmen, und den Kuchen damit überziehen. Den Rand mit Gebäckschmuck (Streusel) bestreuen.
6. Für das Clown-Gesicht die Konturen für Hut und Gesicht mit Zuckerschrift vorzeichnen. Trocknen lassen.
7. Den Puderzucker mit der Flüssigkeit zu einem dickflüssigen Guß anrühren. Die umrandeten Flächen damit ausfüllen. Trocknen lassen.
8. Braune Zuckerschrift auf dem Hut verteilen, mit einem Pinsel glattstreichen.
9. Mit den restlichen Farben der Zuckerschrift Mund, Nase und Augen in das Gesicht malen. Evtl. die Konturen nochmals nachzeichnen. Ergibt ca. 12 Stück.

Vorbereitungszeit: ca. 45 Min.
Backzeit: 50 – 60 Min.
E-Herd: 180 °C/G-Herd: Stufe 2
Pro Stück ca. 2848 kJ/678 kcal

Windmühlen

150 g Magerquark, 6 EL Milch
6 EL Öl, 75 g Zucker
abgriebene Schale 1 unbehandelten Zitrone
1 Prise Salz, 300 g Mehl
1 P. Backpulver, Backpapier
1 Beutel Kuchenglasur Zitrone (100 g)
Gebäckschmuck
150 g Puderzucker
Eiweiß, 6 Zuckerstangen

1. Den Quark gut abtropfen lassen. In eine Schüssel geben und mit Milch, Öl, Zucker, Zitronenschale und Salz schaumig rühren.
2. Das Mehl mit dem Backpulver mischen. Etwas unter die Quarkmasse rühren, den Rest unterkneten.
3. Ein Blech mit Backpapier auslegen.
4. Den Teig zu einem Rechteck von 20 x 30 cm ausrollen, in 10 x 10 cm große Quadrate (6 Stück) schneiden.
5. Die Quadrate von den Ecken zur Mitte hin 3 cm einschneiden. Jeweils eine Seite jeder Ecke zur Mitte klappen. Auf das Backblech legen und im vorgeheizten Backofen ca. 20 Min. backen. Auf einem Kuchengitter abkühlen lassen.
6. Die Zitronenglasur im Wasserbad erwärmen und die Windmühlen damit überziehen. Mit Gebäckschmuck verzieren.
7. Puderzucker mit Eiweiß zu einer spritzfähigen Masse verrühren.
8. Den Guß in einen kleinen Gefrierbeutel füllen, eine kleine Ecke abschneiden. Die Konturen der Windmühlen mit Guß nachziehen.
9. Die Windmühlen mit Zuckerguß auf die Zuckerstangen kleben.

Vorbereitungszeit: ca. 45 Min.
Backzeit: ca. 20 Min.
E-Herd: 200 °C/G-Herd: Stufe 3
Pro Mühle ca. 2640 kJ/629 kcal

Kinder-Eisenbahn

375 g Butter oder Margarine
300 g Zucker
1 P. Vanillinzucker
1 Prise Salz, 6 Eier
abgeriebene Schale 1 unbehandelten Zitrone
200 g Mehl
175 g Speisestärke
1 TL Backpulver
Margarine für die Form
300 g Kuvertüre, Vollmilch
Runde Plätzchen und Fruchtgummis zum Verzieren
1 P. Gebäckschmuck
1 P. Zuckerschrift

1. Die Butter oder Margarine schmelzen und wieder abkühlen lassen.
2. Den Zucker, Vanillinzucker und Salz hinzufügen und so lange rühren, bis eine schaumig-cremige Masse entstanden ist.
3. Dann die Eier eins nach dem an-

deren unterrühren. Die Zitronenschale hinzufügen.
4. Das Mehl mit der Speisestärke und dem Backpulver mischen. Nach und nach unterrühren.
5. Eine Kastenform (Länge 32 cm, Breite 11 cm) ausfetten. Den Teig einfüllen und im vorgeheizten Backofen 60 – 75 Min. backen.
6. Den Kuchen etwas abkühlen lassen, dann aus der Form lösen, auf ein Kuchengitter stürzen und auskühlen lassen.
7. Den Kuchen in ca. 4 cm dicke Scheiben schneiden. Aus einem Stück eine Lokomotive schneiden. Aus dem herausgeschnittenen Stück einen Schornstein schneiden.
8. Die Kuvertüre nach Anleitung auf der Packung erwärmen, und alle Kuchenstücke damit beziehen. Den Schornstein aufkleben und ebenfalls beziehen.
9. Für die Räder Fruchtgummis und als Puffer für die Lok 1 rundes Plätzchen ankleben.
10. Die Dächer mit Gebäckschmuck bestreuen. Die Fenster mit Zuckerschrift aufmalen. Alles gut trocknen lassen.

Vorbereitungszeit: ca. 60 Min.
Backzeit: 60 – 75 Min.
E-Herd: 180 °C/G-Herd: Stufe 2
Insgesamt ca. 33222 kJ/7910 kcal

Spielkarten

- 200 g Margarine
- 200 g Zucker
- 1 P. Vanillinzucker
- abgeriebene Schale von 2 unbehandelten Zitronen
- 3 Eier, 200 g Mehl
- 125 g Speisestärke
- 3 TL Backpulver
- 3 EL Milch, 2 TL Kakaopulver
- Fett, 200 g Kuvertüre
- 200 g Puderzucker
- ca. 3 EL Zitronensaft
- Zuckerschrift, Zuckerblümchen, Gebäckschmuck

1. Margarine, Zucker und Vanillinzucker schaumig rühren. Zitronenschale dazugeben. Eier unterrühren.
2. Das Mehl mit der Speisestärke und dem Backpulver mischen und nach und nach dazugeben.
3. Den Teig teilen. Die eine Hälfte mit Milch und Kakaopulver verrühren.
4. Ein Blech einfetten. Je eine Blechhälfte mit dem hellen und dem dunklen Teig bestreichen. Im vorgeheizten Backofen ca. 30 Min. backen. Abkühlen lassen.
5. Die Kuchenplatte in ca. 8,5 x 5,5 cm große Rechtecke schneiden.
6. Die Kuvertüre nach Anleitung auf der Packung schmelzen. Den Puderzucker mit dem Zitronensaft zu einem Guß verrühren.
7. Dunkle Schnitten mit Kuvertüre, helle mit Zitronenguß bestreichen.
8. Mit Zuckerschrift, Zuckerblümchen und Gebäckschmuck Spielkarten oder Dominosteine aufzeichnen. Gut trocknen lassen.
Ergibt ca. 16 Spielkarten.

Vorbereitungszeit: ca. 40 Min.
Backzeit: ca. 30 Min.
E-Herd: 180 °C/G-Herd: Stufe 2
Je Spielkarte ca.1546 kJ/368 kcal

Oster-Knabbergebäck

200 g Mehl
100 g Butter oder Margarine
1/2 TL Salz, 3 – 4 EL Wasser
Backpapier für das Blech
1 Eigelb
Kümmel oder grobes Salz zum Bestreuen

1. Das Mehl, das Fett, Salz und Wasser in eine Schüssel geben und mit den Knethaken des Handrührgerätes verkneten.
2. Ein Backblech mit Backpapier auslegen.
3. Den Teig zwischen Folie ca. 1/2 cm dick ausrollen, kleine österliche Motive ausstechen und auf das Backblech legen.
4. Das Eigelb verquirlen und die Plätzchen damit bestreichen. Mit Kümmel oder Salz bestreuen und im vorgeheizten Backofen 15 - 20 Min. backen.
5. Das Knabbergebäck (ca. 100 Stück) auskühlen lassen. In einer gut schließenden Dose aufbewahren.

Vorbereitungszeit: ca. 45 Min.
Backzeit: 15 – 20 Min.
E-Herd: 180 °C/G-Herd: Stufe 2
Pro Stück ca. 67 kJ/16 kcal

Österliche Figuren aus Vollkorn-Mürbeteig

250 g Weizenvollkornmehl
1 Ei
ca. 2 EL saure Sahne
ca. 4 EL Honig
1 Prise Meersalz
1 P. Vanillinzucker
150 g Butter
Backpapier für das Blech
Milch zum Bestreichen

Osterhasen und Osterlämmer

Für 2 Formen

150 g Margarine, 150 g Honig
1 Prise Meersalz, 3 Eier
125 g gemahlene Mandeln
abgeriebene Schale 1 unbehandelten Orange
300 g Weizenvollkornmehl
1/2 P. Weinstein-Backpulver (Reformhaus)
ca. 75 ml Milch
Margarine für die Formen
evtl. Puderzucker oder Kakao

1. Die weiche Margarine mit dem Honig und Meersalz schaumig rühren. Die Eier nacheinander unterrühren.
2. Die gemahlenen Mandeln und die Orangenschale dazugeben. Das Mehl mit dem Backpulver mischen und abwechselnd mit der Milch unterrühren.
3. 2 Hasen- oder Lammformen mit Margarine ausfetten. Den Teig einfüllen und im vorgeheizten Backofen etwa 45 Min. backen.
4. Die Kuchen in der Form etwas abkühlen lassen, dann aus der Form lösen.
5. Die abgekühlten Figuren eventuell mit Puderzucker oder Kakao bestäuben.

Vorbereitungszeit: ca. 20 Min.
Backzeit: ca. 45 Min.
Pro Figur ca. 8044 kJ/1916 kcal

1. Das Vollkornmehl, das Ei, die saure Sahne, den Honig, Meersalz, Vanillinzucker und die weiche Butter in eine Schüssel geben und mit den Knethaken des Handrührgerätes verkneten. Mit den Händen eine Kugel formen, in Folie wickeln und im Kühlschrank ca. 1 Std. ruhen lassen.
2. Ein Backblech mit Backpapier auslegen.
3. Den Teig ca. 1/2 cm dick ausrollen und Enten, Hasen oder Lämmer ausstechen. Die Figuren auf das Backblech legen und mit Milch bepinseln.
4. Im vorgeheizten Backofen 15 – 20 Min. backen.

Ergibt ca. 40 Stück.

Vorbereitungszeit: ca. 1 Std.
Backzeit: 15 – 20 Min.
E-Herd: 200 °C/G-Herd: Stufe 3
Pro Plätzchen ca. 276 kJ/66 kcal

Eierschecke

- 500 g Mehl, 1 P. Trockenhefe
- 75 g Zucker, 1 Prise Salz
- 75 g weiche Butter, 1 Ei
- 250 ml lauwarme Milch (1/4 l)
- Fett für das Blech
- 150 g getrocknete Aprikosen
- 750 g Magerquark
- 350 g Zucker, 6 Eier
- 100 g gehackte Mandeln
- 250 g Butter oder Margarine
- 1 EL Mehl, 1 TL Backpulver
- 2 EL Puderzucker

1. Das Mehl mit der Hefe in einer Schüssel mischen. Den Zucker, Salz, das Fett, das Ei und die lauwarme Milch dazugeben, und alles mit den Knethaken des Handrührgerätes zu einem glatten geschmeidigen Teig verkneten. Am warmen Ort bis zur doppelten Größe aufgehen lassen.
2. Eine Fettpfanne ausfetten.
3. Die Aprikosen abspülen, trockentupfen und in Stücke schneiden. Den Teig nochmals durchkneten. Die Fettpfanne damit auslegen, dabei einen kleinen Rand hochziehen.
4. Quark mit 150 g Zucker und 1 Ei cremig rühren, auf dem Teig verteilen.
5. Mit Aprikosen und Mandeln bestreuen.
6. Die übrigen Eier trennen. Eigelb, Fett und den restlichen Zucker schaumig rühren. Mehl mit Backpulver mischen und dazugeben.
7. Das Eiweiß zu steifem Schnee schlagen und unterheben.
8. Die Eiermasse auf dem Belag verteilen und die Eierschecke im vorgeheizten Backofen 25 – 30 Min. backen. Sobald die Oberfläche braun ist, den Kuchen mit Pergamentpapier abdecken.
9. Die Eierschecke abkühlen lassen. Mit Puderzucker bestäuben und in Stücke schneiden. Ergibt 20 Stück.

Vorbereitungszeit: ca. 35 Min.
Backzeit: 20 – 35 Min.
E-Herd: 180 °C/G-Herd: Stufe 2
Pro Stück ca. 1848 kJ/440 kcal

Hefe-Pistazien-Nester

500 g Mehl
1 P. Trockenhefe oder 1 Würfel frische Hefe, zerbröckelt
50 g Zucker
1/2 TL Salz
50 g weiche Butter oder Margarine
75 g gehackte Pistazien
2 Eier
250 ml lauwarme Milch (1/4 l)
Backpapier für das Blech
10 hartgekochte, gefärbte Eier

1. Das Mehl und die Hefe in einer Schüssel mischen. Den Zucker, Salz, das Fett, 50 g Pistazien, 1 Ei und die lauwarme Milch dazugeben und mit den Knethaken des Handrührgerätes zu einem glatten, geschmeidigen Teig verkneten.
2. Den Teig an einem warmen Ort zur doppelten Größe aufgehen lassen.
3. Ein Backblech mit Backpapier auslegen.
4. Den Hefeteig nochmals durchkneten, eine dicke Rolle formen und in 10 gleichmäßige Stücke teilen. Aus jedem Stück zwei Stränge von je 20 cm Länge rollen. Beide Stränge miteinander zu einer Kordel verdrehen und als Kreis auf das Backblech legen.
5. Das restliche Ei verquirlen, und die Nester damit bepinseln. Mit den übrigen Pistazien bestreuen. Im vorgeheizten Backofen ca. 20 Min. backen.
6. Die Nester abkühlen lassen.
7. Die gefärbten Eier in die Nester setzen.

Ergibt 10 Stück.

Vorbereitungszeit: ca. 25 Min.
Backzeit: ca. 20 Min.
E-Herd: 200 °C/G-Herd: Stufe 3
Pro Stück ca. 1386 kJ/330 kcal

Osterhasen mit Zitronencreme

Für den Teig:
250 ml Wasser (1/4 l)
65 g Butter oder Margarine
1 Prise Salz
150 g Mehl, 4 Eier
Backpapier für das Blech
Für die Creme:
6 Blatt Gelatine
2 Becher Trinkmilch-Joghurt (je 150 g), 80 g Zucker
1 P. Vanillinzucker
4 EL Zitronensaft, 2 Eiweiß
1 Becher Schlagsahne (250 g)
2 EL Puderzucker

1. Das Wasser mit der Butter oder Margarine und 1 Prise Salz in einen Topf geben und aufkochen.
2. Das Mehl auf einmal dazugeben und mit einem Kochlöffel so lange rühren, bis sich der Teig als Kloß vom Topf löst und sich auf dem Topfboden eine weiße Schicht bildet.
3. Vom Herd nehmen. Die Eier nacheinander mit den Knethaken des Handrührgerätes unter den Teig rühren. Gut abkühlen lassen.
4. Ein Backblech mit Backpapier auslegen.
5. Den Teig in einen Spritzbeutel mit großer Sterntülle füllen und 12 Osterhasen (siehe Foto) auf das Backblech spritzen. Im vorgeheizten Backofen ca. 35 Min. backen.
6. Die Hasen sofort nach dem Backen mit einer Schere vorsichtig aufschneiden und auskühlen lassen.
7. Für die Creme die Gelatine einweichen.
8. Den Joghurt mit dem Zucker, dem Vanillinzucker und Zitronensaft verrühren.
9. Die Gelatine abgießen, auflösen und mit dem Joghurt verrühren.
10. Das Eiweiß und die Schlagsahne getrennt steif schlagen. Nacheinander unter die halbsteife Joghurtmasse heben. Etwa 30 Min. kalt stellen.
11. Die Creme in einen Spritzbeutel mit großer Sterntülle geben und die Osterhasen damit füllen.
12. Die angerichteten Osterhasen mit Puderzucker bestäuben.

Vorbereitungszeit: ca. 50 Min.
Backzeit: ca. 35 Min.
E-Herd: 200 °C/G-Herd: Stufe 3
Pro Osterhase ca. 966 kJ/230 kcal

Tannenbäume

650 g Honig
250 ml Wasser (1/4 l)
100 g Schweineschmalz
1 P. Lebkuchen- oder Pfefferkuchengewürz
abgeriebene Schale 1 Zitrone oder 1 P. Citro-back
2 kleine Eier
200 g Roggenmehl, Type 1370 (Reformhaus)
700 g Weizenmehl, Type 405
40 g gemahlene Mandeln
40 g feingehacktes Orangeat
4 EL Rum, 15 g Pottasche
5 g Hirschhornsalz
Backpapier für das Blech
Zum Verzieren:
1 Eiweiß
ca. 400 g Puderzucker
4 Back- und Speisefarben, grün und gelb
Gebäckschmuck
Zuckerschrift

1. Den Honig mit dem Wasser und dem Schmalz erwärmen und wieder abkühlen lassen.
2. Das Lebkuchengewürz, die Zitronenschale und die Eier unterrühren.
3. Das Mehl mit den Mandeln und dem Orangeat in einer Schüssel mischen. Die Pottasche und das Hirschhornsalz mit dem Rum verrühren.
4. Die Honigmasse und die angerührten Triebmittel zum Mehl geben, und alles mit den Knethaken des Handrührgerätes gut verkneten.
5. Den Teig etwa 1 Tag ruhen lassen.
6. Für die Tannenbäume eine Schablone aus Pappe in beliebiger Größe anfertigen.
7. Den Teig gut 1/2 cm dick ausrollen. Die Schablone auflegen, und Tannenbäume ausschneiden. Die Teigreste wieder verkneten, ausrollen, und Monde und Vögel ausstechen.
8. Ein Backblech mit Backpapier auslegen, die Figuren darauf legen und im vorgeheizten Backofen 15 – 20 Min. backen. Auskühlen lassen.
9. Für den Guß das Eiweiß zu steifem Schnee schlagen. Soviel Puderzucker unterrühren, daß ein dickflüssiger Guß entsteht. Einen kleinen Teil abnehmen und gelb einfärben. Den größeren Teil tannengrün färben.
10. Die Bäume mit dem grünen Guß überziehen, trocknen lassen. Dann mit roter Zuckerschrift Kerzen auf die Bäume malen, die Flammen mit gelber Zuckerschrift darauf setzen. Die Bäume mit Gebäckschmuck verzieren. Einige Bäume nur mit Zuckerstreuseln bestreuen.
11. Die Monde mit dem gelb gefärbten Guß überziehen. Die Vögel mit Zuckerschrift und Gebäckschmuck verzieren. Alles gut trocknen lassen.

Vorbereitungszeit: ca. 1 1/2 Stunden
Backzeit: 15 – 20 Min.
E-Herd: 180 – 200 °C/G-Herd: Stufe 2 – 3
Insgesamt ca. 36712kJ/8741 kcal

Buntes Buttergebäck

1 P. Backmischung „Buttergebäck“

200 g weiche Butter oder Margarine

ca. 1 EL Milch

Fett für das Backblech

250 g Puderzucker

2 – 3 EL Wasser

Speisefarben

verschiedener Gebäckschmuck

evtl. Folie zum Einwickeln

evtl. Geschenkband zum Verzieren

1. Die Backmischung, die weiche Butter und die Milch in eine Schüssel geben und mit den Knethaken des Handrührgerätes verkneten. Den Teig ca. 30 Min. im Kühlschrank ruhen lassen.
2. Ein Backblech mit Butter oder Margarine einfetten.
3. Den Teig zwischen Folie messerrückendick ausrollen. Verschiedene Figuren ausstechen, auf das Backblech legen und im vorgeheizten Backofen 10 – 15 Min. backen. Auf einem Kuchengitter abkühlen lassen.
4. Für den Guß den Puderzucker mit Wasser zu einer dickflüssigen Masse verrühren. In kleine Schälchen aufteilen und mit Speisefarben unterschiedlich einfärben.
5. Die Plätzchen mit dem Guß bestreichen und mit verschiedenem Gebäckschmuck verzieren und trocknen lassen.
6. Die Plätzchen evtl. in Folie wickeln, mit Geschenkband zubinden und als Weihnachtsbaumschmuck verwenden.

Ergibt ca. 50 Plätzchen.

Vorbereitungszeit: ca. 70 Min.
Backzeit: 10 – 15 Min.
E-Herd: 180 °C/G-Herd: Stufe 2
Pro Plätzchen ca.252 kJ/60 kcal

Ernährungstip

Backmischungen – von der Backwarenindustrie angebotene Mischungen zur Herstellung verschiedenster Teige, denen meist nur noch Flüssigkeit wie Milch oder Wasser sowie Butter oder Margarine zugesetzt werden müssen. Zum Teil sind auch Eier notwendig. Die häusliche Zubereitung von Kuchen – und auch Broten – soll so vereinfacht werden. Der Teig läßt sich meist zu verschiedensten Backwaren verarbeiten. Das Ausrollen zwischen Küchenfolie empfiehlt sich für diverse Teige – nicht nur zur Herstellung von Plätzchen, auch Nudeln, Fladenbrot u. ä. lassen sich so problemlos dünn ausrollen – vor allem, wenn der Teig noch leicht klebrig ist. Zur Dekoration bietet der Handel bunte Perlen, Zuckerblümchen und andere Zuckersachen an. Aber auch mit Pistazien, Pinienkernen, Mandeln, Sonnenblumenkernen, Zitronat, Orangeat, Rosinen und anderen gesunden Sachen lassen sich Plätzchen hübsch verzieren.

Feine Ingwerplätzchen

225 g Weizenvollkornmehl
1 TL Weinstein-Backpulver
3 EL Honig (60 g)
1 Ei
1 Eiweiß
1 EL gemahlener Ingwer
abgeriebene Schale 1 unbehandelten Orange
100 g Butter
Backpapier für das Blech
1 Eigelb zum Bestreichen
2 EL Pistazienkerne, halbiert

1. Das Mehl mit dem Backpulver in einer Schüssel mischen.
2. Den Honig, das Ei, das Eiweiß, den Ingwer, die Orangenschale und die weiche Butter dazugeben und alles mit den Knethaken des Handrührgerätes verkneten.
3. Den Teig zu einer Kugel zusammendrücken, in Folie wickeln und im Kühlschrank 60 Min. kalt stellen.
4. Ein Backblech mit Backpapier auslegen.
5. Den Teig zwischen Folie dünn ausrollen. Plätzchen ausstechen und auf das Backblech legen.
6. Das Eigelb verquirlen, die Plätzchen damit bestreichen. Mit Pistazienhälften verzieren.
7. Im vorgeheizten Backofen ca. 15 Min. backen.

Ergibt ca. 30 Stück.

Vorbereitungszeit: ca. 40 Min.
Backzeit: ca. 15 Min.
E-Herd: 200 °C/G-Herd: Stufe 3
Pro Stück ca. 285 kJ/68 kcal

Haselnuß-Spritzgebäck

150 g weiche Butter
100 g Honig
1 Ei, 1 Eigelb
1/2 TL Naturvanille
1 Prise Meersalz
125 g gemahlene Haselnüsse
150 g Weizenvollkornmehl
Backpapier für das Blech

1. Die weiche Butter, den Honig, das Ei und das Eigelb in eine Schüssel geben und schaumig rühren. Die Vanille und das Salz dazugeben.
2. Die Haselnüsse und das Vollkornmehl unterrühren. Bei Zimmertemperatur etwa 30 Min. ausquellen lassen.
3. Ein Backblech mit Backpapier auslegen.
4. Den Teig in einen Spritzbeutel mit großer Sterntülle füllen und Kränze oder andere Formen auf das Backblech spritzen.
5. Die Plätzchen im vorgeheizten Backofen ca. 10 Min. backen. Gut auskühlen lassen.

Ergibt ca. 25 Stück.

Vorbereitungszeit: ca. 30 Min.
Backzeit: ca. 10 Min.
E-Herd: 200 °C/G-Herd: Stufe 3
Pro Stück ca. 505 kJ/120 kcal

Schnelles Teegebäck

3 Eier, 50 g Honig
abgeriebene Schale 1 unbehandelten Zitrone
1/2 TL Naturvanille
150 g Weizenvollkornmehl
1 TL Weinstein-Backpulver
Backpapier für das Blech
2 EL Mandelsplitter

1. Die Eier mit dem Honig schaumig rühren. Die Zitronenschale und die Vanille dazugeben.
2. Das Vollkornmehl mit dem Backpulver mischen und unter die Eimasse rühren.
3. Ein Backblech mit Backpapier auslegen. Mit 2 Teelöffeln kleine Teighäufchen darauf setzen. Mit Mandelsplittern bestreuen.
4. Die Plätzchen im vorgeheizten Backofen 10 – 15 Min. backen. Gut auskühlen lassen. Ergibt ca. 40 Stück.

Vorbereitungszeit: ca. 25 Min.
Backzeit: 10 – 15 Min.
E-Herd: 200 °C/G-Herd: Stufe 3
Pro Plätzchen ca. 115 kJ/27 kcal

Plätzchen-Adventskranz

Für den Teig:
125 g Honig
125 g Sirup
25 g Zucker
35 g Kokosfett
250 g Weizenmehl (Type 1050)
25 g Kakao
1/2 P. Pottasche (7,5 g)
1 EL Rosenwasser (Apotheke)
1 Ei
Außerdem:
Backpapier für das Blech
Zum Verzieren:
150 g Puderzucker
ca. 2 EL Zitronensaft
Lebensmittelfarbe
Zuckerperlen
Zuckerstreusel
Außerdem:
1 Kuchengitter
schmales und breites Geschenkband
Christbaumkugeln

1. Den Honig, den Sirup, den Zucker und das Kokosfett in einen Topf geben. So lange erwärmen, bis alles geschmolzen ist. Die Masse abkühlen lassen.
2. Das Mehl und den Kakao in einer Schüssel mischen.
3. Die Pottasche im Rosenwasser auflösen. Zusammen mit dem Ei und dem Honig-Gemisch unter das Mehl kneten.
4. Den Teig in Folie wickeln und an einem kühlen Ort 2 – 3 Tage ruhen lassen.
5. Ein Backblech mit Backpapier auslegen.
6. Den Teig zwischen Folie etwa 1 cm dick ausrollen und beliebige Figuren ausstechen. Auf das Backblech legen und im vorgeheizten Backofen 15 – 20 Min. backen. Sofort Löcher zum Aufhängen in die Plätzchen stechen. Die Figuren gut auskühlen lassen.
7. Für den Guß den Puderzucker mit Zitronensaft anrühren.
8. Den Zuckerguß in mehrere Portionen teilen und unterschiedlich einfärben. Jede Portion in einen kleinen Gefrierbeutel füllen, eine Ecke abschneiden, so daß eine kleine Öffnung entsteht.
9. Die Figuren mit Zuckerguß, Perlen, Zuckerstreuseln und Zuckerblümchen verzieren. Trocknen lassen.
10. Ein Kuchengitter mit breitem Geschenkband aufhängen.
11. Die Figuren mit schmalem Geschenkband versehen und am Kuchengitter festbinden. Die Christbaumkugeln auf dem Kuchengitter befestigen.

Ergibt ca. 20 Figuren.

Vorbereitungszeit: ca. 3 Stunden
Backzeit: 15 – 20 Min.
E-Herd: 180 °C/G-Herd: Stufe 2
Pro Plätzchen ca. 579 kJ/138 kcal

REZEPTVERZEICHNIS

Nachweis der Fotos und Rezepte:
Deutsche Brotindustrie; 3 Glocken, Weinheim; Food Foto Köln; Jürgen Holz, Köln; ICE; Integra Communication, Hamburg; Knorr/Maizena, Heilbronn; Kraft General Foods, Eschborn; Molkerei Alois Müller, Aretsried; MPR, Hamburg; Naumann & Göbel Verlag, Köln; neuform-Kochstudio, Mainz; Pfanni, München; Schwartauer Werke, Bad Schwartau; Axel Springer Verlag, Hamburg; Supress, Düsseldorf; Teubner, Füssen; TLC Foto-Studio, Velen-Ramsdorf; Union Deutsche Lebensmittel, Hamburg.